초등 교육 멘토 **이서윤쌤**의
인성과 생활습관을 잡아 주는

초등 필수
인문학
일력
365

JN359620

초등 교육 멘토 이서윤쌤의
인성과 생활습관을 잡아 주는
초등 필수 인문학 일력 365

초판 1쇄 발행   2024년 12월 24일

글쓴이	이서윤
그린이	메이곰, 이니나
기획	임은경
편집	허현정
디자인	이재호
펴낸이	이경민
펴낸곳	㈜동아엠앤비
출판등록	2014년 3월 28일(제25100-2014-000025호)
주소	(03972) 서울특별시 마포구 월드컵북로22길 21, 2층
홈페이지	www.dongamnb.com
전화	(편집) 02-392-6901 (마케팅) 02-392-6900
팩스	02-392-6902
SNS	f ⓘ blog
전자우편	damnb0401@naver.com
ISBN	979-11-6363-896-4 (72190)

ⓒ 이서윤, 2024

※ 이 책은 저작권법에 따라 보호를 받는 저작물이므로 무단 전재와 무단 복제를 금합니다.
※ 책 가격은 뒤표지에 있습니다. 잘못된 책은 구입한 곳에서 바꿔 드립니다.

일력 사용법

1. 오늘이 몇 월, 며칠인지 확인할 수 있습니다.
2. 열두 달 키워드에 어울리는 위인, 또는 유명인의 명언을 실었습니다.
3. 그날의 명언에 어울리는 그림으로 보는 즐거움을 더했습니다.
4. 이서윤쌤의 한마디를 통해 자기 마음을 이해하는 것은 물론 올바른 생활습관을 자연스럽게 배울 수 있습니다.

365일, 나의 생활 속에서 새로운 가치를 발견하고,
봄날의 햇살처럼 행복한 하루를 보내세요.

차례

1월 일기
2월 운동
3월 새봄
4월 가족
5월 시작
6월 새로움
7월 여름
8월 휴가
9월 시작
10월 반가워
11월 감사
12월 새해

어떤 이들은 가는 곳마다 행복을 만들어 내고, 어떤 이들은 떠날 때마다 행복을 만들어 낸다.
_ 오스카 와일드

이서윤쌤의 한마디 어떤 사람은 항상 곁에서 행복한 순간을 만들어 줘요. 또 어떤 사람은 함께했던 행복한 순간을 떠올리게 해 줘요. 이렇게 서로 다른 방식으로 행복을 주는 사람들은 정말 소중한 존재예요. 그들 덕분에 우리는 더 많은 행복을 느낄 수 있답니다.

그림 **메이곰**

그림 그리는 것을 좋아하는 일러스트레이터이다. 매일 우리를 행복하게 만드는 소소하고 즐거운 이야기를 그림으로 그리고 있다. 그린 책으로는 『우리 집에 놀러와』, 『꽃잎을 두드리지 마세요』 등이 있다.

• **인스타그램** @maygom_illust

그림 **이니나**

책과 그림을 좋아하고, 프랑스에서 미술 공부를 했다. 그린 책으로는 『가나다 아저씨』, 『말해 봐, 들어 줄게』 등이 있다. 필명 '이니나'는 옹알이어로 '일어나'라는 뜻이다.

• **인스타그램** @iinniinnaa

December

행복은 목적지가 아니다. 행복은 잘 살고 있는 삶의 부산물이다.
_ 엘리너 루스벨트

이서윤쌤의 한마디 행복은 우리가 목표로 삼는 것이 아니에요. 하루하루를 소중히 여기면서 열심히 살아갈 때 행복은 자연스럽게 따라오는 거(부산물)랍니다.

January

1월

용기

27
December

커다란 행복을 느끼려면 큰 고통과 불행을 먼저 가져야 한다. 그렇지 않으면 이게 행복인지 어떻게 알겠는가.

_ 레슬리 카론

서윤쌤의 한마디 때로는 힘든 일 때문에 우리가 얼마나 행복한지 잘 알게 돼요. 슬픈 일을 ~~지~~나면, 다시 기쁜 일이 생겼을 때 그 기쁨이 더 크게 느껴지거든요. 그래서 힘든 경험도 나~~중에~~ 소중할 수 있어요.

정의롭지 못한 용기는 나약하기 짝이 없다.
_ 벤저민 프랭클린

이서윤쌤의 한마디 어려움에 빠진 친구를 돕거나 옳은 일을 하는 데 쓰는 용기가 진짜 용기예요. 친구를 놀리거나 나쁜 일을 하는 데 쓰는 용기는 가짜 용기예요.

December

가장 행복한 사람은 행복을 더 많이 가지려는 사람이 아니라, 더 많이 나누어 주려는 사람이다.

_ H. 잭슨 브라운 주니어

의 한마디 행복은 내가 기쁘고 즐거워야 발견할 수 있는 감정이에요. 오늘 하루, 사 가 마주 보며 웃고, 감사한 마음을 전해 보세요.

**행복은 이미 만들어져 있는 것이 아니다.
행복은 당신의 행동에서 비롯한다.**

_ 달라이 라마

이서윤쌤의 한마디 행복은 마법처럼 갑자기 찾아오는 것이 아니에요. 우리가 어떤 행동을 하고, 어떻게 생각하느냐에 따라 만들어진답니다. 오늘도 긍정적인 행동을 하면서 행복한 하루를 보내세요.

용기란 일어서서 말할 때뿐 아니라 앉아서 듣고 있을 때도 필요하다.
_ 윈스턴 처칠

January

이서윤쌤의 한마디 용기 있는 사람은 자기 생각을 당당히 말할 뿐만 아니라 다른 사람 말에도 귀 기울일 줄 알아요. 상대방을 존중하며 잘 듣는 것도 용기의 한 모습이랍니다.

25 December

행복은 키스와 같다. 행복을 즐기기 위해선 나눌 대상이 있어야 한다.
_ 버나드 멜처

이서윤쌤의 한마디 친구나 가족과 함께하면 행복하지 않나요? 행복은 누군가와 함께할 때 더욱 커져요. 오늘 하루 내 곁에 있는 사람에게 사랑한다고 표현해 보세요.

용기란 두려움을 느끼지 않는 것이 아니라 두려움에 대한 저항이며 극복이다.

_ 마크 트웨인

이서윤쌤의 한마디 용기는 두려움이 없다는 뜻이 아니에요. 두려워도 포기하지 않고 나아가는 힘이에요. 두려움을 이겨 내는 사람이 진짜 용기 있는 사람이에요.

January

용기는 위험을 헤치고 도전하는 것이다.
_ 빈스 롬바디

이서윤쌤의 한마디 실패할까 봐 겁이 나서 도전을 멈추지 마세요. 실패하더라도 계속 도전하면 성공의 기회가 찾아와요. 실패는 끝이 아니라 시작이라는 걸 기억하세요.

December

행복은 결코 많고 큰 데만 있는 것이 아니다. 작은 것을 가지고도 고마워하고 만족할 줄 안다면 그는 행복한 사람이다.

_ 법정 스님

이서윤쌤의 한마디 행복은 어디에나 있어요. 여러분은 친구와 떡볶이를 먹을 때 행복하지 않나요? 내 주변의 사람들과 함께하는 소중한 시간에 감사하면서 하루를 보내세요.

용기 있는 사람이란 양심이 명령하는 바에 따라 행동하는 사람이다.

_ 루이제 린저

January

이서윤쌤의 한마디 용기란 양심의 목소리에 따라 행동하는 거예요. 우리가 바른길을 선택하고 꿋꿋하게 나아갈 때 참된 용기가 생긴답니다.

사랑은 행복이 부르르 떨면서 나온다.
_ 칼릴 지브란

이서윤쌤의 한마디 사랑은 우리가 행복할 때 더 커져요. 우리가 행복을 느끼면 사랑도 더 깊어지고, 서로에게 더 따뜻하게 다가갈 수 있어요.

January

용기는 자신의 내면 소리를 따르는 것이다.
_ 오드리 헵번

이서윤쌤의 한마디 용기는 스스로가 진정으로 바라는 것을 따르는 행동이에요. 부모님, 친구, 선생님의 기대에 맞추지 말고, 스스로의 길을 선택하세요.

December

진짜 행복은 아주 싼데도, 우리는 진짜 행복의 모조품에 참으로 많은 대가를 치른다.
_ H. 발로

이서윤쌤의 한마디 매일 작은 행복을 발견하려고 노력해 보세요. 그 과정에서 모조품(다른 물건을 본떠서 만든 물건) 같은 행복이 아닌, 일상 속에서 느낄 수 있는 진짜 행복을 찾아보세요.

용기는 가슴 아픈 진실을 말하는 것이다.
_ 마하트마 간디

이서윤쌤의 한마디 가슴 아프더라도 솔직하게 말하는 것이야말로 용기예요. 숨기지 않고 정직하고 솔직해질 때 더욱 강해질 수 있어요.

19
December

행운을 만나면 겸손해지고 불운을 만나면 신중해져라.
_ 페리안드로스

이서윤쌤의 한마디 행운을 잘 활용하면 큰 기회를 얻을 수 있어요. 한편 불운을 겪을 때도 긍정적으로 대처하면 그 상황을 빨리 벗어날 수 있어요. 중요한 건 우리가 어떤 마음을 가지고 있느냐에 따라 결과가 달라질 수 있다는 거예요.

10
January

용기는 세상을 변화시키는 원동력이다.
_ 넬슨 만델라

이서윤쌤의 한마디 우리가 작은 일에 용감하게 나설 때 세상은 달라질 수 있어요. 작은 용기가 큰 변화를 일으킨다는 것을 믿고 결코 망설이지 마세요.

행복한 생활은 마음의 평화에서 성립된다.
_ 키케로

이서윤쌤의 한마디 행복한 삶은 마음이 편안할 때 생겨요. 우리가 불안하거나 걱정이 많으면 행복을 느끼기 힘들어요. 그래서 마음을 평화롭게 하는 것이 중요해요.

용기는 인내와 결정의 과정이다.
_ 존 F. 케네디

이서윤쌤의 한마디 용기 있는 사람이 되려면 결단력, 책임감, 인내력, 배려심이 필요해요. 힘들어도 참고 꾸준히 노력하면 언젠가는 원하는 결과를 얻을 수 있어요.

December

**어리석은 사람은 먼 곳에서 행복을 찾고,
현명한 사람은 자기 발밑에서 행복을 키운다.**
_ 오펜하이머

이서윤쌤의 한마디 행복은 먼 곳에 있는 것이 아니라, 바로 우리 주변에 있어요. 우리가 가진 것에 감사하고, 작은 것에서 기쁨을 찾으면 진정한 행복을 느낄 수 있어요.

용기는 목표를 위한 첫 번째 조건이다.
_ 아리스토텔레스

이서윤쌤의 한마디 꿈을 이루고 싶다면, 목표를 세우고 도전해 보세요. 도전할 용기가 없는 사람에게 꿈은 머물러 있지 않습니다.

**행복한 가정은 모두 비슷하게 닮았지만,
불행한 가정은 저마다의 이유로 불행하다.**

_ 레프 니콜라예비치 톨스토이

이서윤쌤의 한마디 행복한 가정은 서로 잘 이해하고 도와줘요. 하지만 불행한 가정은 여러 가지 문제 때문에 서로를 돌볼 마음의 여유가 없어요. 그래서 우리는 서로를 이해하고 도와주는 것이 중요해요.

13

January

우리 중 가장 용기 있는 사람도 진정한 용기가 무엇인지 잘 모른다.

_ 프리드리히 니체

이서윤쌤의 한마디 중요한 것은 용기를 내어 도전한다는 사실 그 자체입니다. 꼭 맞는 선택을 하려고 하기보다 일단 도전하면서 내 안에 숨은 용기를 찾아보세요.

December

행복은 나비와 같다. 다가가려 하면 자꾸 당신의 손아귀를 벗어난다. 하지만 당신이 가만히 앉아 있으면 아마 당신 위에 살포시 앉을 것이다.

_ 너새니얼 호손

이서윤쌤의 한마디 행복은 마치 나비 같아요. 우리가 행복을 쫓으면 저만치 도망하고, 가만히 있으면 슬그머니 다가와요. 때로는 잠깐 멈춰서 주변을 돌아보세요. 그리고 만나는 사람에게 싱긋 웃어 보세요. 분명 행복한 일이 찾아올 거예요.

14

January

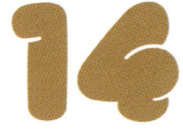

용기란 죽을 만큼 두려워도 일단 한번 해 보는 것이다.

_ 존 웨인

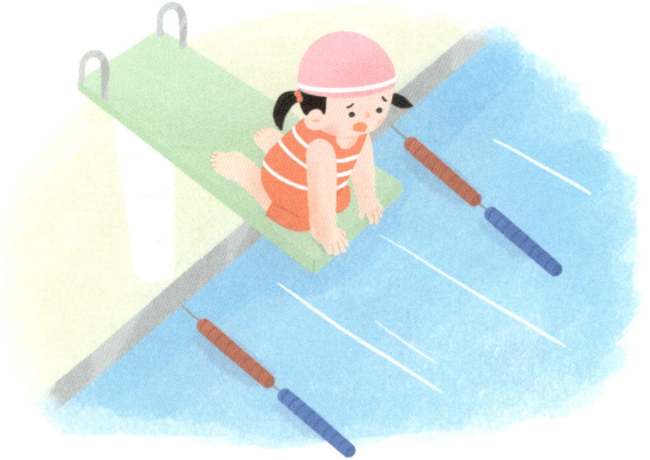

이서윤쌤의 한마디 용기란 무서워도 시도해 보는 것입니다. 처음에는 어려워도 도전해 보면 용기가 점차 생길 거예요.

December

어떠한 행복 속에도 불행은 숨어 있다. 이와 반대로 어떠한 불행 속에도 행복은 숨어 있다. 하지만 우리는 어디에 불행이 숨어 있고 행복이 숨어 있는지 알지 못한다.
_ 콘스탄틴 비르질 게오르규

이서윤쌤의 한마디 행복과 불행은 함께 다니는 친구 같아요. 행복한 순간에도 슬픈 일이 있을 수 있고, 슬픈 순간에도 기쁜 일이 숨어 있을 수 있어요. 불행할 때 너무 좌절하지 말고 다행인 부분을 찾아보세요.

15
January

용기는 마음에서 나온다.

_ 플라톤

이서윤쌤의 한마디 용기는 누가 주는 것이 아니에요. 우리의 마음에서 시작되는 것입니다. 스스로를 믿고 마음속 용기를 다질 때, 어떤 것도 두렵지 않을 거예요.

13 December

불행한 사람을 비웃지 말라. 누가 자기의 행복이 영원할 것이라고 장담할 수 있을 것인가?

_ 장드 라 퐁텐

이서윤쌤의 한마디 다른 사람이 슬퍼하거나 힘들어할 때 비웃지 마세요. 우리에게도 그런 순간이 찾아올 수 있으니까요. 그러니까 친구가 힘들 때 곁에서 위로해 주세요.

January 16

**인생은 한낱 도전의 연속이다.
그 도전을 받아들이는 것이 용기다.**
_ 장 폴 사르트르

이서윤쌤의 한마디 우리는 살아가면서 많은 도전을 해요. 이때 그 도전을 기꺼이 받아들이고 나아가는 것이 바로 용기예요. 도전을 멈추면 더 이상의 발전은 없습니다.

12
December

가끔 행복은 당신이 열어 놓았는지 깨닫지도 못한 문을 통해 슬그머니 들어온다.

_ 존 베리모어

이서윤쌤의 한마디 행복은 우리가 예상하지 못한 곳에서 찾아올 수 있어요. 가끔은 열린 마음으로 새로운 것들을 받아들일 때, 행복이 슬그머니 다가오는 거죠. 그러니 새로운 경험을 두려워하지 말고, 언제든지 기쁨을 찾으려고 노력해 보세요.

용기란 편안함을 버리고, 불편함을 감수하는 것이다.

_ 마틴 루터 킹 주니어

이서윤쌤의 한마디 편안한 곳에만 머무르면 더 발전하기 어려워요. 낯선 곳에 가거나 새로운 것에 도전하는 것은 사실 불편한 일입니다. 용기 있는 사람은 그 불편을 피하지 않아요.

December

이 세상에서 가장 큰 행복은 한 해의 마지막에 서서 지난해의 처음보다 훨씬 더 나은 자신을 발견하는 것이다.

_ 레프 니콜라예비치 톨스토이

이서윤쌤의 한마디 행복은 더 나아진 나를 발견할 때 느껴져요. 매일 작은 목표를 세우고 그것을 이루는 과정을 통해 행복을 느껴 보세요.

January 18

**당신이 지금 달린다면 패배할 가능성이 있다.
하지만 당신이 달리지 않는다면,
당신은 이미 진 것이다.**

_ 버락 오바마

이서윤쌤의 한마디 실패할 것 같다고 시작도 안 한다면 어떨까요? 이미 실패한 것입니다. 하지만 일단 시작한다면 언젠가는 할 수 있게 됩니다. 무서워도 시도해 보는 것이 중요합니다.

10
December

행복이란 영혼의 향기이며 노래하는 마음의 조화이다. 그리고 영혼의 음악 중에서 가장 아름다운 것은 자애다.

_ 로맹 롤랑

이서윤쌤의 한마디 행복은 우리 마음에서 나오는 특별한 소리예요. 사랑과 친절한 마음이 더해지면 더 아름다운 행복이 느껴져요.

용기란 힘든 상황에서도 긍정적으로 생각하며 나아가는 것이다.
_ 톰 피터스

이서윤쌤의 한마디 힘들면 바로 포기하는 것, 어려운 일이 있어도 긍정적인 생각으로 극복하려고 하는 것, 어떤 것이 진정한 용기일까요? 한번 곰곰이 생각해 보세요.

December

행복은 향수와 같아서 자신에게 몇 방울 떨어뜨리지 않으면 다른 사람들에게 향기를 퍼뜨릴 수 없다.

_ 랄프 왈도 에머슨

이서윤쌤의 한마디 행복은 마치 향수 같아요. 내가 먼저 행복해야 다른 사람들도 그 행복의 향기를 느낄 수 있어요. 그래서 나를 사랑하고, 기분 좋게 해 주는 일이 중요해요.

20
January

용기란 어려운 상황에서도 포기하지 않고 계속하는 것이다.
_ 마리 퀴리

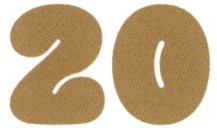

이서윤쌤의 한마디 힘든 순간일수록 멈추지 않고 나아가는 사람이 용기 있는 사람입니다. 스스로를 믿고 끝까지 도전해 보세요.

December

행복은 작은 것들에 있다.
_ 노자

이서윤쌤의 한마디 행복은 나에게 주어진 것에 감사하는 마음이에요. 다른 사람이 가진 것을 부러워하기 전에 내가 가진 것에 감사한 마음으로 살아가면 행복한 삶을 살 수 있어요.

용기는 작은 일을 끝까지 해내는 데 있다.
_ 조지프 캠벨

이서윤쌤의 한마디 큰일을 해내는 것만이 용기는 아니에요. 작은 일이라도 최선을 다하는 것이 진짜 용기입니다. 하루하루 작은 일에도 최선을 다하는 습관을 길러 보세요.

7
December

행복을 기억하긴 참 어렵다.
행복은 '섬광'이기 때문이다.
_ 프랭크 맥코트

이서윤쌤의 한마디 행복은 마치 반짝이는 불꽃처럼 짧고, 기억이 잘 안 날 때도 있어요. 그래서 우리는 행복한 순간을 잘 기억하고, 그 기쁨을 오래 간직할 수 있도록 노력해야 해요.

용기는 어려운 일을 할 수 있는 것이 아니라, 어려운 일을 해내려고 노력하는 것이다.
_ 미셸 오바마

이서윤쌤의 한마디 용기는 어려운 일을 완벽히 해내는 능력이 아니에요. 어떤 일을 해내려는 노력과 끈기랍니다. 중요한 건 끝까지 해 보려는 마음이에요.

December

**행복이란 다른 사람의 행복을
바라볼 수 있는 데에서 생기는 즐거움이다.**
_ 앰브로즈 비어스

이서윤쌤의 한마디 행복은 다른 사람들이 기뻐할 때 함께 기뻐하는 거예요. 다른 사람의 행복을 진심으로 바랄 때, 우리는 더 큰 행복을 느낄 수 있습니다.

용기는 나 자신에게 충실한 것이다.
_ 프란츠 카프카

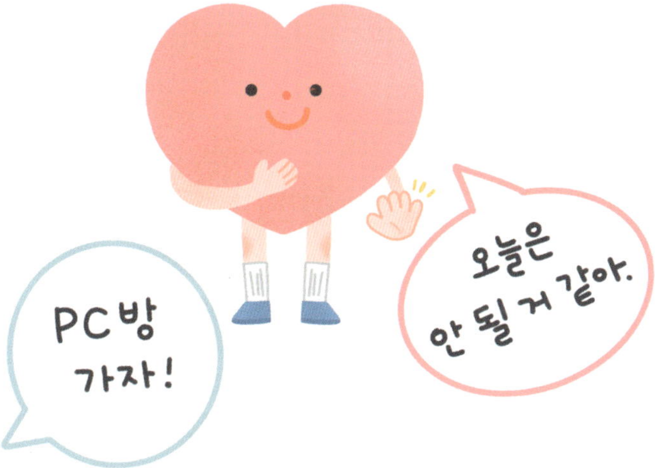

이서윤쌤의 한마디 남이 뭐라고 하든 내 마음을 따르는 것이 진짜 용기예요. 스스로의 생각과 느낌을 믿고, 나답게 행동하는 것이 가장 중요합니다.

December

남을 기쁘게 하고, 그 자체를 기뻐할 수 있는 사람은 행복하다.

_ 요한 볼프강 폰 괴테

이서윤쌤의 한마디 다른 사람을 기쁘게 해 주고, 그 기쁨을 함께 느낄 수 있는 사람은 정말 행복한 사람이에요. 친구나 가족을 도와주고, 함께 웃어 보세요.

용기란 처음에는 무서워도 시도하는 것이다.

_ 헬렌 켈러

이서윤쌤의 한마디 첫걸음을 내딛는 게 어려울 뿐 일단 시작하면 두려움은 사라질 수 있어요. 두려움이 큰일일수록 더 큰 성장을 선물하기도 한답니다.

December

행복은 장소가 아니라 방향이다.
_ 시드니 J. 해리스

이서윤쌤의 한마디 행복은 우리가 어디에 있느냐가 아니라, 우리가 어떤 마음으로 나아가느냐에 달려 있어요. 매일매일 좋은 방향으로 나아가면, 그 길에서 행복을 찾을 수 있답니다.

25 January

가장 위대한 영광은 한 번도 실패하지 않는 것이 아니라, 실패할 때마다 다시 일어서는 것이다.

_ 공자

한 달 전

현재

이서윤쌤의 한마디 실패보다 중요한 것은, 실패할 때마다 다시 일어서는 것입니다. 넘어질 때마다 다시 일어나고, 끈기 있게 도전하세요.

December

행복은 부족한 '길이'를 '높이'로 메워 준다.
_ 로버트 프로스트

이서윤쌤의 한마디 행복은 시간이 짧아도 그 순간이 깊고 큰 기쁨으로 채워지면 됩니다. 짧은 시간이라도 정말 행복하면 그 기분이 오랫동안 마음속에 남아 있을 거예요. 지금 느끼는 행복을 더 깊이 느껴 보세요.

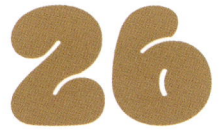

January

절대 어제를 후회하지 마라. 인생은 오늘의 나 안에 있고, 내일은 스스로 만드는 것이다.
_ L. 론 허바드

이서윤쌤의 한마디 어제의 일에 매달리지 말고 오늘을 소중히 여기세요. 매일 최선을 다하는 삶을 살고, 내일을 준비하세요. 그러면 밝은 미래가 기다릴 거예요.

우리는 모두가 행복하기 위해서 태어났다.
_ A. 스트로우

December

이서윤쌤의 한마디 행복은 찾기 어렵고 때로는 멀리 있는 것처럼 느껴지지요. 하지만 행복은 늘 우리 곁에 있어요. 오늘 하루도 내 곁에 있는 사람들과 행복한 시간을 보내 보세요.

우리는 두려움의 홍수에 버티기 위해서 끊임없이 용기의 둑을 쌓아야 한다.
_ 마틴 루터 킹

이서윤쌤의 한마디 친구에게 먼저 인사하기, 먼저 사과하기처럼 우리는 살아가면서 용기를 내야 할 일이 많아요. 용기는 멀리 있지 않고 가까이 있습니다.

December

행복이라는 선물은 받을 줄 아는 자의 몫이다.
_ 랄프 왈도 에머슨

이서윤쌤의 한마디 행복은 우리 삶에서 가장 소중한 감정이에요. 지금 행복하다고 느낀다면 그 순간을 소중히 여기세요.

28
January

싸움을 하지 않고 그 자리를 피하는 것은 당장 그 자리에서 싸움을 하는 것 이상으로 용기가 필요한 일이다.
_ 휴 로프딩

이서윤쌤의 한마디 싸움을 피하는 일에도 용기가 필요해요. 갈등이 커지는 것을 막고 평화롭게 해결하는 것이 더 좋은 해결책이니까요.

December

행복

January 29

용기는 매일매일 스스로를 믿고, 꿈을 이루기 위해 노력하는 것이다.
_ 조지 엘리엇

이서윤쌤의 한마디 안 될 거라고 생각하지 마세요. 어려움이 있더라도 꾸준히 노력하는 것이 참된 용기예요. 꿈을 향해 하루하루 작은 발걸음을 내딛는 것이 중요하답니다.

30
November

인생이라는 학교에는 불행이라는 훌륭한 스승이 있다. 그 스승 덕분에 우리는 더욱 단련된다.
_ 블라디미르 막시모비치 프리체

이서윤쌤의 한마디 불행은 우리를 힘들게 합니다. 하지만 더 강해질 수 있는, 소중한 것에 더 집중할 수 있는 기회도 줍니다. 불행도 때때로 우리가 나아갈 길을 밝혀 주는 지혜가 될 수 있답니다.

30
January

진정한 용기란 두려워도 위험과 직면하는 것이다.
_ 라이먼 프랭크 바움

이서윤쌤의 한마디 우리는 옳다고 믿어도 선뜻 행동으로 옮기지 못하는 경우가 있어요. 두려워도 자신이 믿는 것을 행동으로 옮기는 데에는 엄청난 용기가 필요하답니다.

**근심하지 마라.
근심은 인생을 그늘지게 한다.**
_ 요한 하인리히 페스탈로치

이서윤쌤의 한마디 근심과 걱정은 우리 마음을 무겁게 만들고, 즐거운 순간을 놓치게 해요. 근심이 찾아올 때 긍정적인 마음을 먹으면 좋은 해결책이 떠오를 가능성이 높아져요. 열린 마음으로 나에게 다가온 근심을 바라보세요.

진정한 용기는 자신의 내면을 직면하는 데 있다.
_ 오프라 윈프리

이서윤쌤의 한마디 진정한 나를 알기란 쉽지 않아요. 평소 내 마음과 생각의 소리에 귀 기울여 주세요.

28
November

인생이란 네가 다른 계획을 세우느라 바쁠 때 너에게 일어나는 것이다.

_ 존 레논

이서윤쌤의 한마디 인생은 예상한 대로만 움직이지 않아요. 때로는 뜻밖의 일도 일어나는데, 그 순간이 인생의 중요한 전환점이 될 수 있어요. 물론 계획을 지키는 것은 중요하지만 계획대로 안 된다고 실망할 필요는 없습니다.

February

성공

인생은 불확실한 항해다.
_ 윌리엄 셰익스피어

이서윤쌤의 한마디 인생은 바다를 항해하는 것과 같아요. 바다는 잔잔하다가도 때때로 파도가 치지요. 바다가 어떤 모습을 보일지 그 누구도 확신할 수 없습니다. 자신을 믿고 꾸준히 나아가려는 자세가 필요합니다.

February

성공은 준비된 자에게 찾아온다.
_ 루이 파스퇴르

이서윤쌤의 한마디 시험도, 발표도 미리 준비하는 사람이 더 잘하겠지요? 어떤 일이든 계획을 세우며 준비하면 자신 있게 해낼 수 있어요.

삶은 하나의 거울이다. 당신의 웃음에 따라 웃고, 당신의 울음에 따라 운다.
_ 윌리엄 새커리

이서윤쌤의 한마디 웃는 친구를 보면 기분이 좋아져요. 반대로 울고 있는 친구를 보면 슬퍼지고 걱정이 되지요. 누구를 만나든 싱긋 웃는 얼굴로 하루를 밝게 시작하세요.

2 February

성공은 노력의 대가라는 것을 기억하라.
_ 소포클레스

이서윤쌤의 한마디 성공은 그냥 주어지는 게 아니에요. 구슬땀을 흘려야만 손에 쥘 수 있어요. 열심히, 꾸준히 힘을 쏟으면 알찬 열매를 얻게 될 거예요.

25
November

**당신이 넘어진 횟수는 중요하지 않다.
매번 일어선다는 게 중요하다.**

_ 공자

이서윤쌤의 한마디 우리는 실패를 통해 더 강해질 수 있어요. 중요한 건 실패했을 때 포기하지 않고 다시 도전하는 거예요. 실패는 성공으로 가는 길에서 배우는 중요한 수업이에요.

February 3

성공은 매일 반복한 작은 노력의 결과이다.
_ 로버트 콜리어

이서윤쌤의 한마디 숙제 하나 끝내기, 책 한 장 읽기 같은 작은 일들이 모여서 큰 성공을 이룰 수 있어요. 오늘도 작은 목표 하나부터 차근차근 실천해 보세요!

**인생은 충분히 좋지 않을 수도 있다.
그러나 좋은 인생은 충분히 길다.**

_ 벤저민 프랭클린

November

이서윤쌤의 한마디 학교생활이 매일 즐거우면 좋지만 그렇지 못할 때도 있어요. 그래도 친구와 함께하는 행복한 순간이 많을 거예요. 그 순간을 기억하고 되새기면 즐거움을 간직할 수 있을 거예요.

February

**성공하는 것은 어렵다.
그러나 그걸 유지하는 것은 더 어렵다.**
_ 피트 로즈

한 달 전

현재

이서윤쌤의 한마디 스케이트보드를 잘 타고 싶다고요? 처음에는 잘 못하더라도 열심히 연습하면 잘할 수 있어요. 꾸준히 노력하는 것이 진짜 중요한 거랍니다.

23
November

사람들은 시간이 사물을 변화시킨다고 하지만, 사실 당신 스스로 그것들을 변화시켜야 한다.
_ 앤디 워홀

이서윤쌤의 한마디 만약 바이올리니스트가 되고 싶다면 엄청난 연습이 필요하겠지요? 매일 조금씩 연습하면 바이올린을 켜는 실력이 늘 거예요. 그래서 스스로 원하고 바라는 모습이 있다면 노력해야 해요.

5
February

성공의 열쇠는 목표에 집중하는 것이다.
_ 토니 로빈스

이서윤쌤의 한마디 숙제를 빨리 끝내려면, TV나 게임의 유혹에 흔들리지 않고 숙제에만 집중해야겠지요? 어떤 목표든 마음을 모아 집중할 때 더 좋은 결과를 얻을 수 있어요.

무언가를 걱정하면서 살기에 인생은 너무 짧다. 그렇기에 그냥 즐겨라.

_ 에릭 데이비스

이서윤쌤의 한마디 걱정은 꼬리에 꼬리를 물고 이어지는 경우가 많아요. 그러다 눈덩이처럼 커지지요. 시험이나 친구 관계 때문에 걱정되나요? 너무 걱정하지 말고, 하루하루 작은 행복을 찾으며 지내요.

February

실패는 성공으로 가는 디딤돌이다.
_ 토머스 에디슨

이서윤쌤의 한마디 천재도 실패를 합니다. 실패는 성공으로 가는 과정일 뿐이에요. 실패를 딛고 일어설 때 우리는 성공에 더 가까워질 수 있어요.

21
November

인생이란 소유하거나 받는 것이 아니라, 사람이 되는 것이다. 더 좋은 사람이 되는 것이다.
_ 아널드 J. 토인비

이서윤쌤의 한마디 인생에서 진정으로 중요한 것은 돈이나 물건이 아니에요. 좋은 사람으로 성장하는 것입니다. 날마다 조금씩 더 좋은 사람이 되기 위해 노력하기 바랍니다.

무엇을 하든지 열정적으로 하라.
_ 빌 게이츠

이서윤쌤의 한마디 열정적으로 한다는 것은 아주 열심히, 적극적으로 온 힘을 다해서 한다는 거예요. 작은 일도 대충하지 않고 최선을 다하면 큰일도 거뜬히 해낼 수 있을 거예요.

20
November

남녀노소를 막론하고 그 삶에 변화가 없다면
그의 인생은 이미 녹슬어 있는 것과 다름없다.
_ 법정 스님

이서윤쌤의 한마디 우리는 나이에 관계 없이 늘 새로운 것에 도전하고 배우는 자세를 가져야 해요. 때로 도전은 어려울 수 있지만, 그 과정을 통해 더 나은 나 자신을 발견할 수 있습니다.

February 8

가장 높은 곳에 오르려면 가장 낮은 곳부터 시작하라.
_ 푸블릴리우스 시루스

이서윤쌤의 한마디 누구나 산을 오르려면 산기슭에서 출발해야 해요. 작은 목표부터 이루어 나가면 어느새 더 높은 곳에 올라가 있을 거예요.

19
November

인생이란 너무 짧아서 행복하게만 살기에도 부족하다.
_ 카를 마르크스

이서윤쌤의 한마디 인생은 짧기 때문에 하루하루를 소중히 여기고 행복한 순간을 많이 만들어야 해요. 사소한 일에서 기쁨을 찾고, 친구들과 함께 웃고 즐기는 시간을 가지는 것이 중요하죠. 행복은 우리가 만드는 것이니까요!

February 9

성공은 얼음과 같이 차고 북극과 같이 외롭다.
_ 비키 바움

이서윤쌤의 한마디 친구들과 놀고 싶은데, 혼자 공부해야 하거나 대회를 준비해야 할 때가 있어요. 조금 외롭더라도 그 노력이 결국 멋진 결과로 이어질 거예요.

18
November

인생은 가까이서 보면 비극이지만 멀리서 보면 희극이다.

_ 찰리 채플린

이서윤쌤의 한마디 인생은 가까이에서 보면 힘든 일이 많고 슬프게 느껴질 수 있지만, 멀리서 보면 별일 아닌 경우도 많아요. 그러니 힘든 순간도 웃으면서 지나가세요!

10
February

꿈을 크게 가지면 꿈도 그만큼 크게 이루어진다.
_ 스티브 잡스

이서윤쌤의 한마디 자신 없어서, 다른 사람들이 비웃을까 봐, 처음부터 겁먹고 꿈을 포기한 적 있나요? 하고 싶은 일이 있으면, 두려워하지 말고 크게 꿈꿔 보세요!

17
November

젊음은 알지 못한 것을 탄식하고, 나이는 하지 못한 것을 탄식한다.

_ 앙리 에스티엔

이서윤쌤의 한마디 나이가 들면 이미 지나간 것에 아쉬움을 느껴요. '지금'을 소중히 여기고 최선을 다해야 해요. 무엇을 하면 좋을지 스스로 찾아보고, 어른들에게도 물어보세요. 어릴 때는 몰라서 못 하고 지나가는 것이 꽤 많거든요.

11
February

**살면서 실패하고 좌절해도 포기하지 마라.
넘어지면 다시 일어나라.**
_ 닉 부이치치

이서윤쌤의 한마디 '더 이상 못하겠다!' 하고 포기하지 마세요. 성공을 향해 가는 길에는 언제든 넘어질 수 있어요. 두 손 짚고 다시 일어설 때 더 큰 성장을 이룰 수 있습니다.

16
November

죽음을 그토록 두려워 말라. 못난 인생을 두려워하라.
_ 베르톨트 브레히트

이서윤쌤의 한마디 우리가 진정으로 두려워해야 할 것은 죽음이 아니라, 의미 없이 흘러가는 인생입니다. 하루하루를 어떻게 보내고 있는지, 어떤 목표를 향해 나아가고 있는지 되새겨 보세요.

12
February

성공은 수만 번의 실패를 감싸 준다.
_ 조지 버나드 쇼

이서윤쌤의 한마디 성공하려면 실패를 두려워하지 않아야 해요. 잘하지 못할까 봐 두려워서 도전하지 않는다면 아무것도 배울 수 없습니다.

15
November

인생은 겸손에 대한 오랜 수업이다.
_ 제임스 매튜 배리

이서윤쌤의 한마디 '겸손'은 남을 존중하고 자기를 내세우지 않는 태도입니다. 성공을 거머쥐었어도 한순간의 실패로 망가질 수 있어요. 남을 업신여겨서 손에 넣은 행복은 깨어지기 쉬워요. 인생에는 늘 좋은 일만 있지는 않습니다.

기회는 준비된 자에게 온다.
_ 엘리너 루스벨트

이서윤쌤의 한마디 갑자기 선생님이 "내일 미술 대회에 나갈 사람?" 하고 묻는다면 평소 열심히 그림 연습을 한 사람이 기회를 잡을 수 있겠지요? 기회는 갑자기 찾아오는 것처럼 보이지만, 사실 미리 준비한 사람에게만 찾아오는 거예요!

**인생은 흘러가는 것이 아니라 채워지는 것이다.
우리는 하루하루를 보내는 것이 아니라
내가 가진 무엇으로 채워 가는 것이다.**

_ 존 러스킨

이서윤쌤의 한마디 여러분은 하루하루를 어떻게 채우고 있나요? 우리가 보내는 모든 시간은 그냥 흘러가는 것이 아니라, 내가 무엇을 하느냐에 따라 더 특별해질 수 있어요. 오늘을 의미 있게 채워 보세요.

성공한 사람은 늘 배울 준비가 되어 있는 사람이다.
_ 존 맥스웰

이서윤쌤의 한마디 배움을 멈추면 성장도 멈출 수 있어요. 배움은 도전의 다른 이름입니다. 오늘도 새로운 것을 배울 준비가 되었나요?

우리의 인생은 우리가 노력한 만큼 가치가 있다.
_ 프랑수아 모리아크

이서윤쌤의 한마디 우리의 인생은 우리가 얼마나 노력하느냐에 따라 달라질 수 있어요. 지금의 작은 노력들이 하나둘 쌓여 나중에 큰 결실을 맺게 되지요. 여러분도 꿈을 이루기 위해 조금씩 노력해 보세요. 그만큼 여러분의 인생이 더 빛나게 될 거예요.

15 February

시작이 반이다.
_ 아리스토텔레스

이서윤쌤의 한마디 무엇이든 시작하기가 제일 어려워요. 새로운 것을 시작하는 순간, 이미 성공을 향해 첫발을 내딛은 거예요. 벌써 절반은 해낸 거나 다름없답니다.

12
November

당신의 결단이 당신의 인생을 바꾼다.
_ 데일 카네기

매일 30분씩 줄넘기 하기

30분씩 달리기

오래 달리기 완주

이서윤쌤의 한마디 우리가 내리는 결정 하나하나가 결국 우리 인생의 방향을 정해요. 아주 작은 결단이라도 인생을 바꿀 수 있는 중요한 순간이 될 수 있답니다. 여러분도 자신만의 결정을 내리고 그 결단이 여러분의 꿈과 목표로 이어지도록 해 보세요.

16

February

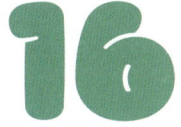

고통 없이는 얻는 것도 없다.

_ 벤저민 프랭클린

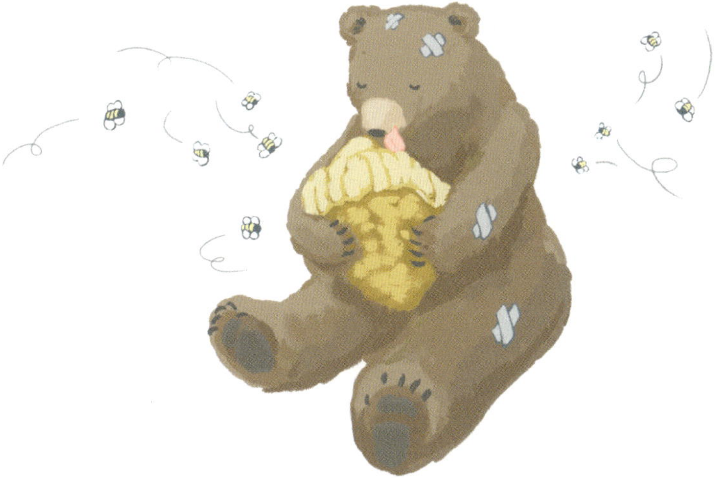

이서윤쌤의 한마디 힘들고 어려운 순간 우리는 가장 많이 성장합니다. 힘들 때 얻어 낸 힘으로 다음에는 더 잘할 수 있을 거예요.

11 November

인생은 한 권의 책과 같다. 어리석은 사람은 책장을 대충 넘기지만 현명한 사람은 공들여 읽는다.
_ 장 파울

이서윤쌤의 한마디 인생은 단 한 번뿐이에요. 종이책은 한 번 넘긴 책장을 되돌릴 수 있지만, 인생이라는 책에서는 불가능합니다. 그러므로 하루하루 공들여 책장을 넘겨야 해요. 빨리 넘기기만 한다면 후회할 수 있어요.

성공은 하루아침에 이루어지지 않는다.
_ 로버트 콜리어

February

이서윤쌤의 한마디 수학 문제 풀기도, 책 읽기도 하루하루 조금씩 해내면 점점 더 잘할 수 있게 됩니다. 한번 해 보고 잘 안 된다고 포기하지 말고 꾸준히 노력해 보세요.

10
November

자신이 생각하기에 따라 인생은 달라진다.
_ 마르쿠스 아우렐리우스

이서윤쌤의 한마디 어떤 상황에 처했을 때, 어떻게 생각하느냐에 따라 결과가 달라질 수 있어요. 긍정적으로 생각하고 밝은 마음을 가진다면, 여러분의 인생도 훨씬 더 멋지고 행복하게 바뀔 거예요.

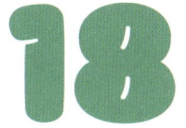

성공은 실수와 실패를 극복한 결과이다.
_ 콜린 파월

이서윤쌤의 한마디 성공은 실수와 실패를 극복하고 노력한 결과예요. 어려운 순간에도 포기하지 않고 계속하면 멋진 성공을 이룰 수 있어요.

November

자신을 믿어라. 자신의 능력을 신뢰하라.
겸손하지만 합리적인 자신감 없이는
성공할 수도 행복할 수도 없다.
_ 노먼 빈센트 필

이서윤쌤의 한마디 누구나 낯선 상황에서는 자신감을 잃을 수 있습니다. 못 할 것 같아도 스스로를 믿고 시도하면 많은 것을 해낼 수 있어요. 스스로에 대한 믿음은 여러분을 멋진 세계로 안내할 거예요!

19
February

성공은 끝이 아니며, 실패는 치명적이지 않다. 중요한 것은 계속하는 용기이다.
_ 윈스턴 처칠

이서윤쌤의 한마디 이번 수학 시험에서 100점이라고, 혹은 0점이라고 다 끝난 건 아닙니다. 또 다음 시험이 있잖아요? 중요한 건 끝까지 포기하지 않고 계속 도전하는 마음이에요!

November

상상력만 있다면 무한한 힘을 발휘할 수 있다.
_ 존 뮤어

이서윤쌤의 한마디 상상력이 뛰어난 과학자는 새로운 발명품을 만들고, 창의적인 예술가는 독특한 작품을 창조해요. 상상력은 스스로 키울 수 있습니다. 마음껏 상상하세요. 내가 상상하는 것이 현실이 될 수 있다고 믿으면서요.

February

**사람에게 가장 중요한 것은 실패했다고
낙담하지 않는 것이며 성공했다고
기뻐 날뛰지 않는 것이다.**
_ 표도르 도스토옙스키

이서윤쌤의 한마디 이번에는 실패했지만 다음에는 성공할 수 있고, 이번에는 성공했지만 다음에는 실패할 수 있어요. 그러니 너무 슬퍼하지도, 기뻐하지도 마세요. 묵묵히 자신의 길을 가세요.

인간은 결국 자신의 그릇만큼의 인생밖에는 살 수가 없다.
_ 장 폴 사르트르

November

이서윤쌤의 한마디 스스로 가진 그릇이란 우리 자신에 대한 믿음, 그리고 우리의 생각과 노력 등을 말해요. 그릇의 크기는 내가 생각하는 인생의 가치와 의미, 실행에 따라 달라질 거예요. 큰 꿈을 가지고 미래를 계획해 보세요.

포기하지 않는 자가 결국 이긴다.
_ 나폴레옹 보나파르트

이서윤쌤의 한마디 끝까지 포기하지 않고 노력하는 사람이 결국 목표를 이루어요. 힘들어도 멈추지 말고 꾸준히 도전해 보세요!

November

**인생에는 두 가지 선택의 여지가 있다.
그 상황을 받아들일 것인지, 상황을 바꾸기
위한 책임을 받아들일 것인가.**
_ 데니스 웨이틀리

이서윤쌤의 한마디 힘든 상황을 그대로 받아들이는 방법도 있고, 상황을 바꾸려고 시도하는 방법도 있답니다. 어떤 선택을 하든지 참고 견디세요. 그리고 최선을 다하세요. 오래지 않아 상황은 나아질 테니까요.

22 February

위대한 일을 이루기 위해 우리는 꿈꾸는 것뿐 아니라 행동해야 하고, 계획할 뿐 아니라 믿어야 한다.
_ 아나톨 프랑스

이서윤쌤의 명언풀이 그저 꿈꾸기만 해서는 이룰 수 없어요. 계획을 세우고 열심히 노력해야 그 꿈이 현실이 됩니다.

5

November

**딸기가 딸기 맛을 지니고 있듯이,
삶은 행복이란 맛을 지니고 있다.**

_ 알랭

이서윤쌤의 한마디 우리가 좋아하는 딸기가 맛있고 달콤하듯이, 우리 삶도 딸기처럼 맛있고 달콤한 순간이 있어요. 오늘 하루, 딸기처럼 달콤한 행복의 맛을 찾아보세요.

노력은 결코 배신하지 않는다.
_ 이나모리 가즈오

February

이서윤쌤의 한마디 지금의 노력이 당장 눈에 보이지 않을 수도 있어요. 그래도 시간이 지나면 활짝 꽃피울 거예요.

November

하루하루를 인생 최고의 날로 만들자.
_ 존 우든

이서윤쌤의 한마디 하루를 최고의 날로 만드는 방법은 오늘 할 수 있는 작은 일들부터 시작하는 거예요. 친구와 함께 신나게 뛰어놀고, 내가 좋아하는 일을 열심히 하다 보면 오늘 하루가 특별하게 느껴질 거예요.

February

많이 실패해라. 그래서 빨리 성공할 수 있게 하라.
_ 톰 켈리

이서윤쌤의 한마디 자전거를 배울 때 누구나 한 번쯤 넘어지게 됩니다. 다른 것도 마찬가지예요. 실패를 통해 배우고, 그 배움은 우리를 성공으로 이끕니다.

November

누군가의 흐린 마음에 비치는 무지개가 되어라.
_ 마야 안젤루

이서윤쌤의 한마디 우리가 슬프거나 속상할 때, 누군가가 웃어 주고 위로해 주면 마음이 따뜻해지고 기분이 좋아지죠? 그 순간이 바로 우리의 흐린 마음에 무지개가 뜬 거예요! 여러분도 친구가 힘들 때, 작은 친절을 베풀어 무지개 같은 존재가 되어 보세요.

February 25

좌절과 실패는 성공에 이르는 가장 확실한 디딤돌이다.
_ 데일 카네기

이서윤쌤의 한마디 넘어졌을 때 다시 일어서려는 마음을 먹어야 해요. 그 마음은 우리를 더 강하게 만들고, 목표에 더 가까이 다가서게 해요. 실패 속에도 배움의 기회가 숨어 있답니다.

November

인생은 자전거를 타는 것과 같다. 균형을 잡으려면 움직여야 한다.

_ 아인슈타인

이서윤쌤의 한마디 자전거를 배울 때, 여러 번 넘어지는 건 당연해요. 혼자 균형을 잡고 타는 데까지 꽤 시간이 걸립니다. 인생도 마찬가지예요. 가끔 어려운 일이 있거나 힘들 때가 있더라도, 자전거를 배울 때처럼 넘어져도 다시 일어나 페달을 밟고 앞으로 나아가 보세요.

**포기해야겠다는 생각이 들 때야말로
성공에 가까워진 때다.**

_ 밥 파슨스

이서윤쌤의 한마디 힘들어서 포기하고 싶을 때가 가장 중요한 순간입니다! 그 순간을 잘 넘기면 어느새 성공이 눈앞에 있을 거예요.

인생을 가장 멋지게 사는 방법은 가능한 한 많은 것을 사랑하는 것이다.
_ 빈센트 반 고흐

November

이서윤쌤의 한마디 친구, 가족, 취미, 그리고 새로운 경험을 사랑하세요. 그리고 그 속에서 기쁨을 찾는 하루를 보내 보세요. 여러분이 사랑하는 것이 많아질수록 인생은 더욱 다채롭고 특별해질 거예요!

27
February

계획 없는 목표는 단지 바람일 뿐이다.
_ 생텍쥐페리

이서윤쌤의 한마디 목표를 이루려면 계획이 꼭 필요합니다. 아무리 멋진 꿈이라도 계획이 없으면 이루기 힘들답니다.

November

인생

February

성공에 이르는 가장 큰 비결은 결코 지치지 않는 인생을 사는 것이다.
_ 알베르트 슈바이처

이서윤쌤의 한마디 성공하려면 힘들어도 포기하지 않고 앞으로 나아가는 게 중요합니다.

끈기는 긴 경주가 아니라 여러 짧은 경주를 하나씩 이어가는 것이다.
_ 월터 엘리엇

October

이서윤쌤의 한마디 작은 성공이 모여 큰 성공으로 다시 태어납니다. 한 번에 모든 걸 이루려 하기보다는 끈기 있게 작은 것부터 성취해 가는 것이 지혜로운 방법입니다.

March

배움

October

최후의 승리는 인내하는 사람에게 돌아간다.
_ 나폴레옹 보나파르트

이서윤쌤의 한마디 인생은 마라톤과 같아요. 마라톤 경기에서는 중간에 엎치락뒤치락 순위가 바뀝니다. 포기하지 않고 끝까지 달리는 사람이 승리할 수 있어요.

March

끊임없는 질문은 혁신과 발전의 시작이다.
_ 스티브 잡스

이서윤쌤의 한마디 공부하면서 궁금한 것이 있다면 질문하세요. 궁금한 게 생겼다는 것은 열심히 공부하고 있다는 증거입니다.

29
October

**모든 일의 기본은 꾸준히 노력하는 것,
매일매일 준비하는 것이다.**
_ 코비 브라이언트

이서윤쌤의 한마디 어떤 일을 잘하려면 하루하루 꾸준히 연습해야 해요. 아무리 실력이 뛰어난 운동선수도 연습을 게을리하면 경기에서 좋은 활약을 펼칠 수 없습니다.

2 March

배움은 끊없는 여정이며 지식은 영원한 보물이다.
_ 프랜시스 베이컨

이서윤쌤의 한마디 배움으로 쌓은 지식은 더 나은 선택을 할 수 있는 힘이 됩니다. 배움은 우리를 똑똑하게 만들고, 더 많은 것을 할 수 있게 도와줘요.

October

성공이라는 못을 박으려면 끈질김이라는 망치가 필요하다.

_ 존 메이슨

이서윤쌤의 한마디 망치로 계속 두드려야 못이 잘 박히듯이, 성공도 포기하지 않고 끝까지 노력해야 손에 넣을 수 있어요! 성공은 단순히 운이나 재능으로 얻을 수 없습니다.

March

호기심은 배움의 출발점이다.
_ 월트 디즈니

이서윤쌤의 한마디 호기심이 가득한 어린이는 무한한 가능성을 지니고 있어요. 호기심은 우리를 배움으로 이끌고, 배움은 성공의 디딤돌이니까요.

October

인내가 없는 사람은 지혜가 없는 사람이다.
_ 사디

이서윤쌤의 한마디 뭔가 잘 안될 때 참을성을 가지고 노력하면 더 많은 경험과 지식을 쌓을 수 있어요. 그 경험과 지식은 좋은 해결책을 얻게 도와줍니다. 힘든 시간을 잘 견디면 우리의 삶은 더 풍요로워질 거예요.

March

**배움은 단순한 지식 습득이 아니다.
지혜를 얻는 것이다.**

_ 아인슈타인

이서윤쌤의 한마디 배움은 단순히 덧셈, 뺄셈을 익히고 문제집을 푸는 것을 의미하지 않아요. 세상을 이롭게 하기 위한 선택, 나와 다른 사람 모두를 위한 따뜻한 선택을 할 수 있는 지혜를 배우는 거예요.

인내는 쓰고 열매는 달다.

_ 장 자크 루소

이서윤쌤의 한마디 꿀벌도 힘든 일을 참고 견뎌야만 꿀을 만들 수 있어요. 인내심을 갖고 꿈을 향해 나아가면 언젠가는 꿀처럼 달콤한 열매를 맺을 수 있습니다.

March 5

가장 위대한 배움은 삶을 통해 얻는다.
_ 엘리너 루스벨트

이서윤쌤의 한마디 학교에서 배운 것 외에도 우리는 매일 많은 것들을 경험하면서 배워요.

25
October

만약 세상에 즐거움만 있다면 우리는 결코 인내하는 법을 배울 수 없을 것이다.

_ 헬렌 켈러

이서윤쌤의 한마디 세상에는 기쁜 일도 있고 힘든 일도 있어요. 어려운 상황은 우리가 더 강하고 똑똑해지도록 도와줘요. 힘든 순간을 참고 견디면, 더 큰 행복을 느낄 수 있게 된답니다.

March

교육의 뿌리는 쓰지만 그 열매는 달다.
_ 아리스토텔레스

이서윤쌤의 한마디 배운다는 것은 자라난다는 것과 같아요. 새로운 지식과 경험을 통해 지금까지 알던 세상보다 더 많은 것을 알게 되지요. 그 과정에서 한층 성장한답니다.

단지 성취에 걸리는 시간 때문에 꿈을 포기하지는 말라. 시간이란 어차피 지나가게 되어 있다.

_ 스티브 존슨

이서윤쌤의 한마디 시간이 걸리더라도 꿈을 포기하지 마세요! 시간은 결국 지나가고, 그 시간 속에서 배움을 계속하면 꿈을 이룰 수 있습니다.

March 7

나는 스승에게서 많은 것을 배웠고 친구에게서 많은 것을 배웠고 심지어 제자들에게서도 많이 배웠다.

_ 탈무드

이서윤쌤의 한마디 우리는 선생님께 역사를 배울 수 있고, 친구에게 우정을 배울 수 있어요. 동생에게는 장난감 조종법을 배울 수도 있지요. 모든 사람이 나의 '선생님'이 될 수 있답니다.

23
October

위대한 일은 인내에서 비롯된다.
_ 빈센트 반 고흐

이서윤쌤의 한마디 훌륭한 위인들은 인내와 끈기로 꿈을 이룬 사람들입니다. 꿈을 이루는 데는 시간과 노력이 들어가요. 때로는 정말 힘든 순간도 찾아와요. 하지만 포기하지 않고 꾸준히 노력하면, 결국 원하는 것을 이룰 수 있답니다.

8
March

배우고 때때로 익히면, 또한 즐겁지 아니한가?
_ 공자

이서윤쌤의 한마디 새로운 것을 배우면 뿌듯하고 기쁘지 않나요? 공부는 마음만 먹으면 보물찾기처럼 흥미로울 수 있어요. 오늘도 공부하면서 기쁜 마음을 느끼길 바라요.

22

October

끈기 있는 사람은 어떤 상황에서든 희망을 잃지 않는다.
_ 다니엘 롬바

이서윤쌤의 한마디 인생에서 폭풍우를 만날 때가 있어요. 이때 힘들다고 주저앉지 말고 웃으면서 폭풍우를 뚫고 지나가 보세요. 분명 밝은 햇살이 비추는 날을 맞이하게 될 거예요.

March 9

배움은 경험을 통해 얻어진다.
_ 존 듀이

이서윤쌤의 한마디 새로운 것을 경험하는 일에 망설이지 마세요. 경험을 바탕으로 우리는 끊임없이 성장할 수 있어요. 경험을 멈추지 않는 사람에게는 엄청난 힘이 쌓인답니다.

21 October

아름드리나무도 털끝 같은 싹에서 나오고,
구 층짜리 누각도 한 줌 흙이 쌓여 올라가고,
천 리 길도 발밑의 한 걸음으로부터 시작된다.

_ 노자

이서윤쌤의 한마디 그 어떤 대단한 일도 시작은 작습니다. 가냘픈 새싹이 튼튼한 나무로 자라고, 한 줌의 흙이 높은 탑이 되며, 한 발의 걸음이 큰 걸음으로 이어져요. 꿈을 이루고 싶다면 작은 일부터 끈기 있게 완수하세요.

March

배움은 새로운 세상을 발견하는 열쇠이다.
_ 헨리 제임스

이서윤쌤의 한마디 배움을 통해 우리는 새로운 세상을 만날 수 있어요. 새로운 것을 배우면 몰랐던 것을 알게 될 뿐만 아니라 새로운 세상과 마주하게 됩니다.

20
October

인내심을 기르기란 무척 힘들다. 그러나 인내하는 사람에게는 해탈의 순간이 찾아온다.
_ 부처

이서윤쌤의 한마디 사실 인내는 쉽지 않아요. 어려운 상황과 마주치면 누구나 피하고 싶어 합니다. 하지만 여러분은 자신의 그런 모습에 만족할 수 있나요? 가치 있는 삶을 살고 싶다면 늘 인내와 동행해야 합니다.

젊었을 때 배움을 게을리한 사람은 과거를 상실하며 미래도 없다.
_ 에우리피데스

이서윤쌤의 한마디 어린 시절 조금씩 쌓아가는 지식과 경험은 커서 큰 도움이 될 거예요. 작은 배움도 소중하게 여기고, 미래를 향해 차근차근 나아가요.

어느 분야의 전문 지식에 정통하려면 최소한 10년 정도는 꾸준히 노력해야 한다.
_ 하워드 가드너

이서윤쌤의 한마디 전문 지식은 하루아침에 생기지 않아요. 최소 10년 동안 그 분야에서 갈고닦아야 해요. 무언가를 성취하려면 꾸준함이 필요하답니다.

12 March

아는 것이 적으면 사랑하는 것도 적다.
_ 레오나르도 다 빈치

이서윤쌤의 한마디 몰랐던 동식물에 대해 자세히 알게 되면 다르게 보입니다. 사람도 마찬가지입니다. 상대에 대해 아는 것이 많을수록 이해의 폭이 넓어집니다.

October

모든 문제에는 인내가 최고의 해법이다.
_ 플라우투스

이서윤쌤의 한마디 어떤 문제에 부딪혔을 때 끈기 있게 차근차근 생각하면, 좋은 해결책을 찾을 수 있어요. 조급해 하지 말고 내 앞의 문제와 당당하게 마주하세요.

정확하게 말하는 능력은 정확하게 아는 능력과 밀접한 관련이 있다.

_ 웬델 베리

March

이서윤쌤의 한마디 정확하게 말하려면 정확하게 아는 것이 중요해요. 지식을 쌓으면 더 똑똑하게 이야기할 수 있답니다.

17
October

나에게 여덟 시간을 주고 나무를 자르라고 한다면 나는 도끼를 가는 데에 여섯 시간을 쓸 것이다.

_ 에이브러햄 링컨

이서윤쌤의 한마디 아무리 많은 시간이 있어도 제대로 준비하지 않으면 원하는 결과를 얻기 어려워요. 시간을 들여 준비하는 사람만이 성공을 거머쥘 수 있습니다.

14 March

배움에는 나이가 없다.
_ 헨리 포드

이서윤쌤의 한마디 아이든 어른이든 언제든지 새로운 것을 배워야만 성장할 수 있답니다. 지금 몇 살이든 지금이야말로 공부하기에 가장 좋은 시기입니다.

16
October

가장 강력한 두 전사는 인내와 시간이다.
_ 레프 니콜라예비치 톨스토이

이서윤쌤의 한마디 강한 전사가 되려면 오랜 시간 참고 견디며 훈련해야 해요. 그 훈련의 결과는 튼튼한 몸과 단단한 마음입니다. 강한 전사가 되어 스스로의 삶을 열어가기 바랍니다.

March

**배우는 일은 우물을 파는 것과 같다.
샘에 이르지 않으면 우물을 버리는 것과 같다.**

_ 맹자

이서윤쌤의 한마디 우물을 깊게 파지 않으면 물을 얻지 못해요. 배움도 깊이 파고들어야 '내 것'으로 만들 수 있습니다. 끝까지 노력하는 사람만이 원하는 결과를 얻을 수 있어요.

성공의 비결은 인내다. 가장 큰 실패는 포기다.

_ 토머스 에디슨

이서윤쌤의 한마디 어떤 상황에서도 포기하지 않고 계속 노력할 때, 성공할 수 있습니다. 포기하는 것이 가장 큰 실패라는 사실을 잊지 마세요.

16 March

끊임없는 배움은 삶을 더욱 가치 있게 만든다.
_ 톰 피터스

이서윤쌤의 한마디 배움은 살아가는 지혜를 얻는 데 도움을 주는 영양제 주사예요. 새로운 것을 열린 자세로 배우면 우리 몸과 마음이 튼튼해집니다.

14
October

끈기는 목표에 도달하는 길을 밝혀 준다.
_ 앙드레 마레

이서윤쌤의 한마디 끈기는 우리가 목표에 도달하는 데 가장 중요한 힘이에요. 어려운 순간에도 포기하지 않고 계속 노력하면, 못할 것 같던 일도 어느새 이룰 수 있게 될 거예요.

March 17

배움은 우리가 상상할 수 없는 기회를 열어 준다.
_ 헨리 키신저

이서윤쌤의 한마디 "공부를 한다고 내가 원하는 꿈을 이룰 수 있을까요?"라고 묻는다면, "네. 맞아요."라고 답할게요. 우리는 배우는 과정에서 성실과 인내를 얻을 수 있어요. 성실과 인내는 꿈을 이룰 수 있는 힘이 된답니다.

힘보다는 인내심으로 더 많은 일을 이룰 수 있다.
_ 에드먼드 버크

이서윤쌤의 한마디 일단 목표를 세우고 노력해 보세요. 노력은 결과로 연결되고, 결과는 자신감을 심어 줍니다. 또 결과가 100% 만족스럽지 않더라도 끈기라는 소중한 보물을 얻을 수 있어요.

March

배움은 창의성을 자극하는 불씨이다.
_ 피터 드러커

이서윤쌤의 한마디 창의력이란 '새롭고 뛰어난 것을 생각해 내는 능력'입니다. 책을 읽거나 여행을 가거나 새로운 사람을 만나는 과정에서, 즉 배움의 과정에서 창의성을 기를 수 있어요.

October

천재는 끊임없는 인내의 결과물이다.
_ 미켈란젤로

이서윤쌤의 한마디 발명왕 에디슨은 99%의 노력과 1%의 영감이 천재를 만든다고 했어요. 누구나 재능이 뛰어나지 않더라도 꾸준히 노력하면 능력을 발휘할 수 있답니다.

March

경험은 최고의 교사이다.
_ 토머스 칼라일

이서윤쌤의 한마디 축구를 잘하려면 책을 읽는 것보다 운동장에서 직접 공을 차며 몸으로 익히는 것이 좋습니다. 아무리 좋은 책을 읽어도 실제로 해 봐야 가장 많이 배울 수 있기 때문이지요. 경험이야말로 가장 멋진 공부 방법입니다.

인내의 밭에다 고통을 심었더니 행복의 열매를 맺었다.

_ 칼릴 지브란

October

이서윤쌤의 한마디 인내는 고통스러울 수 있어요. 하지만 고통을 참고 견디면 언젠가는 행복이라는 열매를 얻을 수 있어요. 그 열매는 무척 달콤할 거예요.

March

변화는 모든 진정한 학습의 최종 결과이다.
_ 레오 부스카글리아

이서윤쌤의 한마디 무언가를 배우고, 그것에 능숙해져서 뿌듯했던 적 있나요? 그랬다면 변화하고, 성장한 거예요. 배움에는 변화를 일으키고 성장을 불러오는 힘이 있답니다.

일이 완벽하게 되지 않더라도 계속 나아가는 것이 중요하다.
_ 마크 저커버그

이서윤쌤의 한마디 완벽하게 하려다가 오히려 시작도 못 하거나 중간에 멈추고 마는 경우가 있어요. 조금 부족해도 괜찮아요. 천천히 한 걸음씩 앞으로 나아가면 어느새 목표 지점에 도달해 있을 거예요.

March 21

좋은 책을 읽는 것은 과거 몇 세기의 가장 훌륭한 사람들과 이야기를 나누는 것과 같다.

_ 데카르트

이서윤쌤의 한마디 만나기 힘든 훌륭한 위인과 대화를 할 수 있는 가장 좋은 방법은, 바로 책을 읽는 거예요. 지금부터 독서를 통해 여러 위인들과 즐거운 시간을 가져 보세요.

October

나는 끝까지 포기하지 않았고 그것이 진정한 성공이다.
_ J.K. 롤링

이서윤쌤의 한마디 힘들어도 포기하지 마세요. 비록 큰 성과를 얻지 못했더라도 끝까지 해냈다면, 결코 실패한 것이 아닙니다.

생각 없는 배움은 소용없고, 배움 없는 생각은 위험하다.

_ 공자

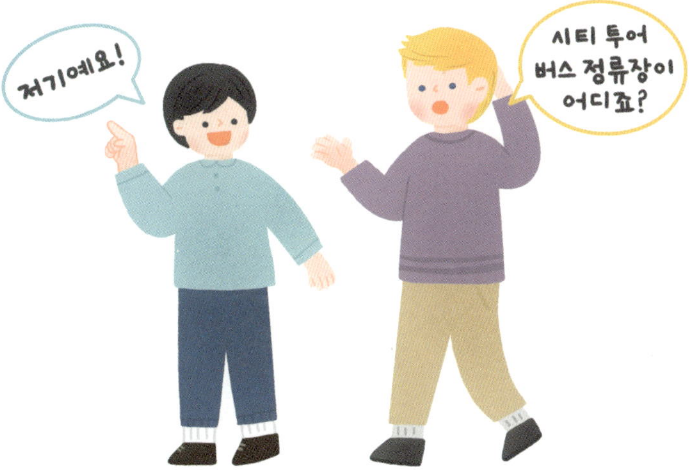

이서윤쌤의 한마디 생각 없이 무작정 공부만 하면 별 도움이 안 돼요. 무엇을 배우는지, 왜 배우는지 깊이 고민해야 필요할 때 멋지게 써먹을 수 있어요.

8
October

**천재는 노력하는 사람을 이길 수 없고,
노력하는 사람은 즐기는 사람을 이길 수 없다.**
_ 롤프 메르쿨레

이서윤쌤의 한마디 재능이 있어도 노력하지 않으면, 재능이 없어도 노력하는 사람을 앞서기 어려워요. 그런데 노력만 열심히 하면 지칠 수 있어요. 어떤 일이든 즐거운 마음으로 해 보세요.

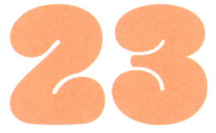
March

**무식한 사람은 배우지 못한 사람이 아니라,
자기 자신을 알지 못하는 사람이다.**
_ 브하그완

이서윤쌤의 한마디 스스로에 대해 얼마나 알고 있나요? 내가 어떤 것을 좋아하는지, 또 싫어하는지 알고 있나요? 나를 잘 알면 성공에 가까이 다가갈 수 있어요. 오늘 하루는 스스로를 들여다보는 시간을 가져 보세요.

October

끈기와 기운이 모든 것을 이겨 낸다.
_ 벤저민 프랭클린

이서윤쌤의 한마디 할 수 있다는 마음과 해내겠다는 끈기가 있다면 어려운 상황도 이겨 낼 수 있어요. 목표도 마찬가지입니다. 긍정적인 마음과 끈기로 도전하는 사람만이 목표를 이룰 수 있어요.

가장 많이 웃는 사람이 가장 잘 배운다.
_ 존 클리즈

이서윤쌤의 한마디 웃음은 기분을 좋게 하고, 긍정적인 마음으로 공부할 수 있게 도와줍니다. 즐겁게 배우면 더 많은 것을 잘 기억하고 이해할 수 있죠. 오늘도 활짝 웃어 보세요!

6 October

땀에 젖은 유니폼, 그것이 내가 보여 줄 수 있는 전부다.
_ 폴 스콜스

이서윤쌤의 한마디 운동선수의 땀에 젖은 유니폼은 열심히 노력한 결과예요. 최선을 다했다는 증거이고요. 비록 경기에서 지더라도 최선을 다했다면 후회는 남지 않을 거예요.

교육은 세상을 바꿀 수 있는 가장 강력한 무기다.
_ 넬슨 만델라

March

이서윤쌤의 한마디 역사책을 읽을 때 위인의 이름과 역사적 사실을 외우기만 한다면 아무 의미가 없어요. 위인의 행동에서 본받을 점은 무엇인지, 역사적 사건에서 배울 점은 무엇인지 곰곰이 생각하는 게 중요해요.

행동의 가치는 그 행동을 끝까지 이루는 데 있다.
_ 칭기즈 칸

October

이서윤쌤의 한마디 무엇이든지 시작한 일을 끝까지 해내는 것이 중요해요. 그 과정에서 얻은 끈기는 더 큰 일을 해낼 수 있는 힘을 줄 거예요. 노력의 결과는 큰 성취감을 선물할 거고요.

**만난 사람 모두에게서 무언가를
배울 수 있는 사람이 세상에서 제일 현명하다.**
_ 탈무드

이서윤쌤의 한마디 '어차피 도움 안 될 것 같은데?', '별로 안 중요한 것 같은데?' 하고 대충 배우면 곤란해요. 무엇이든 열심히 배우려고 하는 자세는 살아가는 데 큰 힘이 된답니다.

끈기 없이는 어떠한 큰 업적도 이룰 수 없다.
_ 조지 워싱턴

이서윤쌤의 한마디 큰 목표를 이루기 위해서는 꾸준한 노력이 필요해요. 끈기가 없다면 작은 어려움에도 좌절할 수 있습니다. 포기하지 않고 계속 도전하는 사람만이 큰 성과를 낼 수 있어요.

배움은 인간의 잠재력을 실현하는 과정이다.
_ 피터 드러커

이서윤쌤의 한마디 우리 모두에게는 숨겨진 힘이 있답니다. 그림이나 악기, 운동 등 무엇이든 열심히 배우면 나도 몰랐던 나의 잠재력을 발견할 수 있을 거예요.

3
October

인내심을 가지고 단순한 일을 완벽하게 하는 사람만이 어려운 일을 쉽게 하는 기술을 습득할 수 있다.
_ 프리드리히 실러

이서윤쌤의 한마디 처음부터 잘하는 사람은 없어요. 단순한 일이라도 인내심을 가지고 끝마치는 습관을 기르세요. 분명 나중에 더 어려운 일도 쉽게 해낼 수 있을 거랍니다.

가르치는 것은 두 번 배우는 것이다.
_ 조제프 주베르

이서윤쌤의 한마디 스스로 잘 이해가 가지 않던 문제도 친구나 동생에게 가르칠 때 스스로 알게 되는 경우가 있어요. 오늘 학교에서 배운 것이 알쏭달쏭하다면 다른 사람에게 설명하는 시간을 가져 보세요.

October

끈기 있는 자는 가능성을 확장시킨다.
_ 존 맥스웰

이서윤쌤의 한마디 내가 좋아하고 잘하는 것에 끈기 있게 매달리세요. 자신 없는 일이라도 포기하지 말고 계속 도전하세요. 끈기는 불가능한 것도 해낼 수 있는 힘입니다.

학문의 최대의 적은 자기 마음속에 있는 유혹이다.
_ 윈스턴 처칠

이서윤쌤의 한마디 우리는 하루 종일 스마트폰을 손에서 놓지 못합니다. 스마트폰으로 게임을 하거나 영상을 보느라 시간 가는 줄 모르지요. 이런 유혹에 빠지면 공부에 집중하기 어렵습니다. 중요한 것은 이런 방해 요소를 이겨 내며 꾸준히 공부하는 거예요.

October

끈기 있는 자는 세상을 움직인다.
_ 캘빈 쿨리지

이서윤쌤의 한마디 포기하지 않고 끈기 있게 노력하는 사람만이 꿈을 이룰 수 있어요. 꿈을 향해 달려가는 사람은 세상에 큰 변화를 일으킬 수 있습니다.

30
March

오늘의 배움은 내일의 성공을 위한 열쇠이다.
_ 에이브러햄 링컨

이서윤쌤의 한마디 지금 열심히 공부하면, 미래에 많은 기회를 얻을 수 있어요. 또 공부하는 과정에서 내가 하고 싶은 일도 발견할 수 있답니다.

October

인내

March

**삶은 배우기 위해 존재한다.
배움은 끝나지 않는다.**
_ 마하트마 간디

이서윤쌤의 한마디 어른이 되면 배우지 않아도 될까요? 배움은 한 번에 끝나는 게 아니라 계속 이어지는 과정입니다. 배움에는 끝이 없습니다.

30
September

나는 때를 놓쳤고, 그래서 지금은 시간이 나를 낭비하고 있는 거지.

_ 윌리엄 셰익스피어

이서윤쌤의 한마디 시간은 멈추지 않아요! 하고 싶은 일, 이루고 싶은 꿈이 있다면 지금 하세요. 지금이 바로 해야 할 '때'입니다.

April

우정

29

September

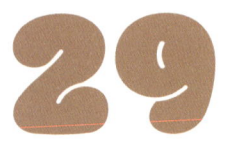

계획이란 미래에 관한 현재의 결정이다.

_ 피터 드러커

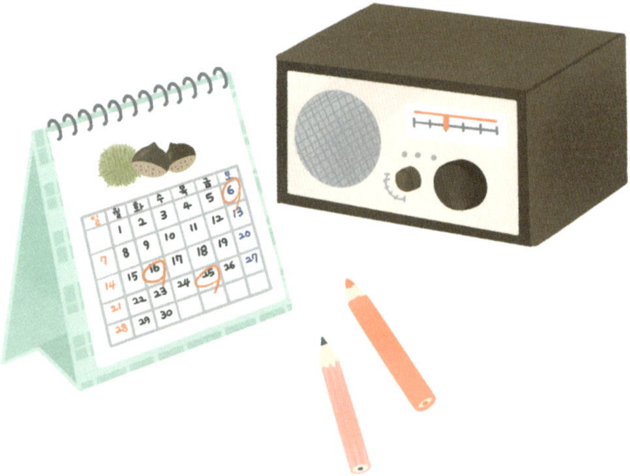

이서윤쌤의 한마디 오늘 우리가 내리는 선택이 미래를 만들어요. 오늘 무엇을 할지 생각하고 준비하면, 내일 더 나은 결과를 얻을 수 있어요.

April

우정은 나눌수록 커지는 유일한 보물이다.
_ 윌리엄 셰익스피어

이서윤쌤의 한마디 우정은 나눌수록 더 빛나요. 친구와 함께하면 혼자서는 하기 어려운 일도 척척 해낼 수 있어요.

시간을 단축시키는 것은 활동이요, 시간을 견디지 못하게 하는 것은 안일함이다.
_ 요한 볼프강 폰 괴테

이서윤쌤의 한마디 '일찍 일어나는 새가 벌레를 잡아먹는다'는 속담이 있어요. 일찍 일어나 활동을 시작하면 시간을 알차게 사용할 수 있어요. 나의 하루를 어떻게 보내면 좋을지 진지하게 고민해 보세요.

April

진정한 친구는 다른 곳에 있고 싶을 때 당신 곁에 있어 주는 사람이다.
_ 렌 와인

이서윤쌤의 한마디 진짜 친구는 힘들 때 옆에 있는 사람이에요. 어려운 순간에 서로 도우며 더 깊은 우정을 쌓아 보세요!

27
September

시간을 지배할 줄 아는 사람은 인생을 지배할 줄 아는 사람이다.
_ 에센바흐

이서윤쌤의 한마디 유튜브를 보거나 게임을 하다가 시간이 훌쩍 지난 경험을 한 적 있나요? 작은 단위의 시간도 잘 관리해야 성공적인 삶을 살 수 있어요. 오늘부터 유튜브나 게임은 딱 정한 시간만큼만 하면 어떨까요?

친구가 없는 사람은 섬과 같다.
_ 프랜시스 베이컨

April

이서윤쌤의 한마디 친구가 없을 때 외딴섬처럼 홀로 있는 기분이 들 수 있어요. 물론 혼자서도 잘 놀 수 있는 사람이 되어야겠지만 친구와 함께 잘 지낼 수 있는 사람이 되면 좋겠어요.

September

경험을 현명하게 사용한다면, 어떤 일도 시간 낭비는 아니다.
_ 오귀스트 로댕

이서윤쌤의 한마디 어떤 일이든 배우고 성장할 수 있는 기회로 만든다면, 그 경험은 절대 시간 낭비가 아니에요. 어떤 경험이든 언젠가 나에게 도움이 될 거예요.

April

가장 좋은 거울은 오랜 친구이다.
_ 조지 허버트

이서윤쌤의 한마디 오랜 친구는 내가 어떨 때 화를 내는지, 어떨 때 기뻐하는지 잘 알아요. 내 장점과 단점도 잘 알고요. 오랜 친구는 나를 비추는 거울과 같답니다.

September

시간을 도구로 사용할 뿐, 시간에 의존해서는 안 된다.
_ 존 F. 케네디

이서윤쌤의 한마디 시간은 한정되어 있기 때문에 계획을 세워 잘 사용해야 해요. 만약 목표가 있다면 하루의 계획을 잘 세우고 실천해야 하지요. 그러면 미래의 어느 날, 자신이 목표한 바를 이룰 수 있을 거예요.

April

친구는 제2의 자산이다.
_ 아리스토텔레스

이서윤쌤의 한마디 집, 자동차처럼 경제적 가치가 있는 재산을 자산이라고 해요. 친구는 자산처럼 소중하지만 경제적 가치를 매길 수는 없어요. 그래서 '두 번째 자산'이라고 말하는 거예요.

September

나는 영토는 잃을지 몰라도 결코 시간은 잃지 않을 것이다.
_ 나폴레옹 보나파르트

이서윤쌤의 한마디 다른 나라의 영토를 정복한 나폴레옹은 자신의 영토를 잃기도 했어요. 영토를 잃어도 시간만큼은 잃지 않겠다고 한 것은 그만큼 시간이 소중하다는 거겠지요? 오늘도 나에게 주어진 시간을 잘 사용해 보세요.

6 April

친구는 나의 기쁨을 배로 하고 슬픔을 반으로 한다.
_ 키케로

이서윤쌤의 한마디 자신이 믿고 좋아하는 친구에게 속상한 일을 털어놓으면 슬픔이 반으로 줄어들죠. 기쁜 일을 나누면 기쁨은 두 배로 커지고요!

23
September

시간을 잘 쓰는 것은 인생을 잘 사는 것이다.
_ 프랜시스 베이컨

이서윤쌤의 한마디 우리가 매일 보내는 시간은 우리의 삶에 큰 영향을 미칩니다. 작은 선택들이 모여 큰 변화를 만들 수 있으니까요. 시간을 알차게 잘 활용하여 더 많은 경험을 쌓고, 멋진 인생을 만들어 나가길 바랍니다.

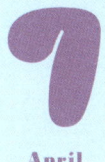

April 7

좋은 벗은 황야에서 솟아 나오는 샘물이다.
_ 조지 엘리엇

이서윤쌤의 한마디 좋은 친구는 목이 마를 때 만나는 소중한 샘물 같아요. 좋은 친구는 어려운 상황일 때 내 마음이 쉴 수 있는 쉼터가 되어 줄 거예요.

September

보통 사람은 시간을 소비하는 것에 마음을 쓰고, 재능이 있는 사람은 시간을 이용하는 것에 마음을 쓴다.

_ 쇼펜하우어

이서윤쌤의 한마디 시간을 그냥 흘려보내고 대충 쓰는 사람이 있고, 시간을 전략적으로 활용하는 사람이 있어요. 여러분은 어떤 사람인가요?

April

우정은 세상에서 가장 아름다운 꽃 중 하나이다.
_ 알렉산더 페네몬

이서윤쌤의 한마디 우정은 세상에서 가장 아름다운 꽃처럼 소중해요. 친구와 함께하는 시간은 삶을 더욱 풍성하고 행복하게 만듭니다. 친구에게 다정한 말을 건네는 하루가 되길 바랍니다.

21
September

시간은 화살처럼 날아가고, 지나간 시간은 다시 오지 않는다.
_ 랄프 왈도 에머슨

이서윤쌤의 한마디 우리 모두에게는 하루 24시간이 공평하게 주어져요. 시간은 한 번 지나가면 다시 돌아오지 않기 때문에, 그 순간을 소중히 여기는 것이 중요해요. 놓친 시간을 아쉬워하지 않으려면 지금 이 순간 최선을 다하세요.

April

우정은 마음의 진실을 나누는 기쁨이다.
_ 알프레드 노스 화이트헤드

이서윤쌤의 한마디 우정은 친구와 마음속 깊은 생각과 고민을 나누는 일이에요. 친구에게 속마음을 솔직하게 털어놓으면, 그 친구도 기뻐할 거예요. 진한 우정을 느낄 테니까요.

변명 중에서도 가장 어리석고 못난 변명이 '시간이 없어서'라는 변명이다.
_ 토머스 에디슨

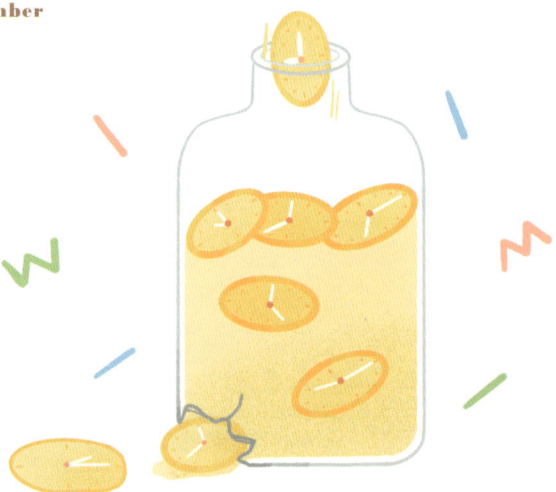

이서윤쌤의 한마디 우리는 종종 '시간이 없다'는 핑계를 대며 해야 할 일을 미루거나 포기하기도 해요. 그런데 정말 시간이 없을까요? 낭비하는 시간은 없는지, 헛된 일에 시간을 쓰지는 않는지 잘 살펴보세요.

April

자기보다 못한 자를 벗으로 삼지 말라.
_ 공자

이서윤쌤의 한마디 우리는 자신과 비슷한 취미나 생각, 가치관을 가진 사람에게 끌리는 경향이 있어요. 서로 이해하고 함께할 수 있는 친구와 우정을 나누길 바라요.

19
September

**승자는 시간을 관리하며 살고,
패자는 시간에 끌려 산다.**
_ J. 하비스

이서윤쌤의 한마디 시간의 주인이 되어 보세요. 스스로 시간을 잘 관리하면 원하는 꿈을 이룰 수 있어요. 시간을 소중히 여기고, 필요한 일을 하면서 즐거운 하루를 만들어 봅시다.

April

고난과 불행이 찾아왔을 때 비로소 친구가 친구임을 안다.
_ 이백

이서윤쌤의 한마디 힘든 일이 생겼을 때 놀리는 친구와 도와주는 친구, 둘 중 누가 진정한 친구일까요? 힘든 일이 생겼을 때 도와주는 친구가 진짜 친구죠. 만약 친구에게 힘든 일이 생겼다면 먼저 다가가 도와주세요.

18
September

내가 헛되이 보낸 오늘 하루는 어제 죽어간 이들이 그토록 바라던 하루이다.
_ 소포클레스

이서윤쌤의 한마디 할 일이 없다면서 하루를 그냥 흘려보낸 적 있나요? 어떤 사람들은 그 하루를 정말 살고 싶어 했답니다. 새로운 것에 관심을, 사소한 것에 호기심을 가져 보세요. 시간을 알차게 쓸 수 있으니까요.

우정은 사랑보다 더 오래 지속된다.
_ 조지 버나드 쇼

이서윤쌤의 한마디 진짜 친구는 말하지 않아도 서로의 마음을 알아요. 함께 있을 때 편안함을 느끼죠!

17
September

**오늘의 식사는 내일로 미루지 않으면서
오늘 할 일은 내일로 미루는 사람이 많다.**
_ C 힐티

이서윤쌤의 한마디 오늘 할 일을 미루지 않고 일찍 끝내면 자유로운 시간을 더 많이 가질 수 있답니다. 오늘 할 수 있는 일을 내일로 미루지 마세요.

April

그 사람에 대해 알지 못하거든 그 벗을 보라!
사람은 서로 뜻이 맞는 사람끼리 벗하기
때문이다.

_ 메난드로스

이서윤쌤의 한마디 누구든지 마음이 맞는 친구와 친하게 지내겠지요? 그래서 친하게 지내는 친구를 보면 그 사람을 알 수 있어요. 좋은 친구와 함께하면 더 멋진 사람이 될 수 있어요!

16
September

시간은 우리의 무엇보다 소중한 자산이다.
_ 짐 론

이서윤쌤의 한마디 시간은 멈추지 않고 계속 흘러갑니다. 재미있는 놀이, 창의적인 활동, 좋은 친구와의 산책 등으로 시간을 채워 가세요. 시간을 그냥 흘려보내면 후회만 남기 쉽습니다.

진정한 우정은 영원히 변하지 않는다.
_ 블레이크 필리프

이서윤쌤의 한마디 진짜 우정은 시간이 지나도 변하지 않아요. 함께한 추억이 많으니까요. 우정을 나눈 친구는 다른 반이 되어도 전학을 가도 언제든 다시 만나면 웃음이 가득할 거예요!

September

제일 많이 바쁜 사람이 제일 많은 시간을 가진다.
_ 알렉산드리아 피네

이서윤쌤의 한마디 할 일이 많아 바쁘면 계획을 세워 일의 우선순위를 정하세요. 그러면 짧은 시간 안에 여러 가지 일을 해낼 수 있습니다. 또 시간이 많아도 계획을 세우면 시간 낭비를 막을 수 있어요.

15 April

설명하지 마라. 친구라면 설명할 필요가 없고 적이라면 어차피 당신을 믿으려 하지 않을 테니까.

_ 엘버트 허버드

이서윤쌤의 한마디 우정을 나눈 친구라면 눈빛, 표정, 몸짓만으로도 마음을 헤아릴 수 있어요. 서로 굳게 믿는다면 긴 설명이 필요하지 않습니다.

September

삼십 분이란 티끌과 같은 시간이라고 말하지 말고, 그동안이라도 티끌과 같은 일을 처리하는 것이 현명한 방법이다.

_ 요한 볼프강 폰 괴테

이서윤쌤의 한마디 삼십 분이라는 시간이 별것 아닌 것처럼 느껴질 수 있지만, 그 시간 동안에도 할 수 있는 일이 많아요! 숙제를 하거나, 책을 읽거나, 음악을 듣는 등 작은 일을 쪼개서 그 시간을 알차게 보낼 수 있어요. 그러니까 짧은 시간도 소중히 여겨보자고요!

16
April

우정은 마음속의 별이 된다.
_ 에바 린드

이서윤쌤의 한마디 우정은 마음에서 반짝이는 별처럼 빛나요. 언제나 힘이 되어 주는 소중한 존재예요!

시간은 인간이 쓸 수 있는 가장 값진 것이다.
_ 테오프라스토스

이서윤쌤의 한마디 시간은 돈보다 더 소중해요! 한 번 지나가면 다시는 돌아오지 않으니까요. 우리는 돈으로도 살 수 없는 시간을 아끼고 잘 사용해야 합니다.

April

우정은 서로를 더 나은 사람으로 만드는 길이다.
_ 데일 카네기

이서윤쌤의 한마디 어울리지 않을 것 같아도, 친구가 되면 함께하는 모든 것이 즐거워요. 곁에 있는 친구와 속 깊은 우정을 나눠 보세요.

September

인간은 늘 시간이 모자란다고 불평을 하면서 마치 시간이 무한정 있는 것처럼 행동한다.

_ 세네카

이서윤쌤의 한마디 우리는 시간이 부족하다고 불평하면서 정작 시간을 그냥 흘려보낼 때가 많아요. 중요한 일에 시간을 쏟지 않고 결과만 바라기도 하고요. 시간을 낭비하지 않는 방법을 스스로 고민해 보세요.

18
April

명성이나, 좋은 술이나, 사랑이나, 지성보다도 더 귀하고 나를 행복하게 해 준 것은 우정이다.

_ 헤르만 헤세

이서윤쌤의 한마디 우정은 세상에서 가장 소중한 보물이죠. 친구와 함께하는 순간을 소중하게 여기세요.

11 September

시간과 정성을 들이지 않고 얻을 수 있는 결실은 없다.

_ 발타자르 그라시안

이서윤쌤의 한마디 우리가 원하는 목표는 단순히 바라보는 것만으로는 이룰 수 없어요. 하루하루 노력하고 정성을 쏟아야 비로소 좋은 결과를 맺을 수 있어요.

19 April

적을 용서해라. 그러면 친구를 얻게 될 것이다.
_ 푸블릴리우스 시루스

이서윤쌤의 한마디 서로 다툼이 있어도 용서하면 우정이 더 돈독해져요.

시간은 우리 모두에게 공평하다.
_ 다이애나 러슬

이서윤쌤의 한마디 시간은 누구에게나 똑같이 주어지는 기회예요. 하지만 누구나 이 기회를 살리지는 못합니다. 시간을 알차게 쓰고 잘 활용하는 사람만 기회를 살릴 수 있어요.

April

취미는 바꾸더라도 친구는 바꾸지 말라.
_ 볼테르

이서윤쌤의 한마디 여러분의 취미는 무엇인가요? 좋아하는 취미는 바뀔 수 있어도, 친구는 바꾸지 마세요. 친구와 함께라면 어떤 활동도 즐거우니까요.

시간은 우리에게 배움과 성장을 준다.
_ 헨리 포드

September

이서윤쌤의 한마디 개미를 관찰하면서 시간을 들인 적 있나요? 오랜 시간 개미와 함께했다면 자연에 대해 많은 것을 배우고 느꼈을 거예요. 어떤 일이든 시간을 들이면 분명 얻는 것이 있습니다.

보이지 않는 곳에서 나를 좋게 말하는 사람이 진정한 친구다.
_ 토마스 풀러

이서윤쌤의 한마디 내가 없는 곳에서 내 험담을 하는 친구는 진짜 친구가 아니에요. 진짜 친구는 보이지 않는 곳에서도 서로 응원하고 칭찬합니다.

September

어제는 역사이고, 내일은 미스터리이며, 오늘은 선물이다.
_ 엘리너 루스벨트

이서윤쌤의 한마디 어제는 바꿀 수 없는 시간이고, 내일은 알 수 없는 시간이에요. 그래서 우리는 오늘에 충실해야 해요. 할 수 있는 모든 것을 오늘 하세요.

April

**동물만큼 기분 좋은 친구는 없다.
동물은 질문도 하지 않거니와
비판도 하지 않는다.**
_ 조지 엘리엇

이서윤쌤의 한마디 동물 친구는 우리에게 행복을 선물해요. 설명할 일도, 다툴 일도 없어요. 어쩌면 우리는 동물 친구처럼 그저 함께하는 것만으로도 편안한 친구를 원하고 있는지도 몰라요.

7

September

일 분 전 만큼 먼 시간은 없다.

_ 짐 비숍

이서윤쌤의 한마디 일 분 전에 했던 일은 다시 할 수 없어요! 지나간 시간은 결코 다시 돌아오지 않으니까요. 시간을 소중히 여기고 보람찬 하루를 보내세요.

April

자기 부모를 섬길 줄 모르는 사람과는 벗하지 마라. 왜냐하면 그는 인간의 첫걸음을 벗어났기 때문이다.
_ 소크라테스

이서윤쌤의 한마디 부모님의 말을 잘 따르고 존중하는 사람은 좋은 친구가 될 수 있어요. 사람이 꼭 지녀야 할 예의와 도리를 소중하게 여기고, 사랑을 실천할 줄 아는 사람이니까요.

September

**함께 내일을 만들어 나가자.
과거에 연연하지 말고.**
_ 스티브 잡스

이서윤쌤의 한마디 우리 모두는 실수하거나 아쉬운 상황을 만들기도 합니다. 하지만 지난날의 잘못을 자꾸 생각하면 앞으로 나아가기 힘들어요. '과거'는 이미 지나간 시간이에요. 우리가 바꿀 수 있는 건 '지금'이에요.

24 April

친구를 갖는다는 것은 또 하나의 인생을 갖는 것이다.
_ 발타자르 그라시안

이서윤쌤의 한마디 생김새가 다르고, 성격이 달라도 친구가 될 수 있어요. 마음에 드는 친구가 있다면, 먼저 다가가 "우리, 친구 하자!" 하고 말해 보세요.

September

**나는 시간의 소중함을 알고 있다.
순간을 포착하고, 지금 행동하라.**
_ 스티븐 호킹

이서윤쌤의 한마디 해야 할 일이 있다면 바로 행동으로 옮기세요. '나중에'가 아니라 '지금' 해야 해요. 그래야만 성공의 기회가 찾아옵니다.

25
April

친구는 당신이 혼자라는 것을 잊게 해 주는 사람이다.
_ 헨리 데이비드 소로

이서윤쌤의 한마디 친구와 함께라면 외롭지 않아요. 친구가 곁에 있으면 든든하고요. 언제나 한편이 되어 주는 친구는 세상 무엇보다 소중해요.

September

**오늘 하루 이 시간은 당신의 것이다.
하루를 착한 행위로 장식하라.**
_ 프랭클린 루스벨트

이서윤쌤의 한마디 오늘 하루, 길가에 있는 쓰레기를 줍거나 도움이 필요한 친구를 도와주세요. 어제와 다른 하루를 보낼 수 있을 거예요. 기분도 좋고요.

26 April

친구는 어려운 시간을 함께 나누는 사람이 아니라, 그 시간이 덜 어렵게 느껴지도록 함께하는 사람이다.
_ 조지프 애디슨

이서윤쌤의 한마디 친구는 내 문제집을 대신 풀어 주고 답을 다 알려 주는 사람이 아니에요. 혼자 힘으로 문제를 풀 수 있는 방법을 알려 주고, 곁에서 응원해 주는 사람이에요.

3

September

시간은 인간이 쓸 수 있는 것들 중에서 가장 소중한 것이다.
_ 디오게네스

오늘의 단어
1. apple (명) 사과
2. last (형) 맨 마지막의
3. push (동) 억지로 밀다
4. breakfast (명) 아침 식사
5. guess (동) 알아맞히다

이서윤쌤의 한마디 시간은 한 번 지나가면 다시 되돌릴 수 없어요. 그렇기 때문에 계획을 세워 잘 사용해야 해요.

April

친구는 길을 밝혀 주는 등불이다.
_ 헬렌 켈러

이서윤쌤의 한마디 참된 친구가 한 명이라도 있다면 어떤 어려움도 이겨 낼 수 있을 거예요. 내가 캄캄한 길에 서 있을 때 친구는 빛이 되어 주니까요.

September

미래는 현재 우리가 무엇을 하는가에 달려 있다.
_ 마하트마 간디

이서윤쌤의 한마디 지금 우리가 하는 작은 행동이 미래를 결정지어요. 씨앗을 심으면 그 씨앗이 자라서 나무가 되는 것처럼, 오늘 나의 노력이 내일의 멋진 결과로 돌아올 거예요.

April

진정한 우정은 언제나 서로를 위해 기도한다.
_ 로버트 루이스 스티븐슨

이서윤쌤의 한마디 진정한 친구는 멀리 있어도 가까이 있어도 서로를 생각하고 응원한답니다.

아침잠은 시간의 지출이며, 이렇게 비싼 지출은 달리 없다.
_ 데일 카네기

September

이서윤쌤의 한마디 아침 시간은 우리 삶의 소중한 자원이에요. 일찍 일어나면 더 많은 일을 할 수 있고, 하루를 알차게 보낼 수 있어요. 아침 햇살을 맞으며 상쾌한 하루를 시작하세요.

깨진 적이 없는 우정보다는 한 번 깨졌다가
회복된 우정에 더욱 세심한 주의를
기울여야 한다.
_ 라 로슈푸코

이서윤쌤의 한마디 친구와 싸우거나 오해가 생겼을 때 꼭 화해하세요. 갈등을 함께 풀어내면 서로를 더 잘 이해할 수 있어요. 우정은 더 단단해지고요.

September

9월

시간

30
April

남이 나를 소중히 여기기를 바란다면 먼저 나 자신이 남을 소중히 여겨라.
_ 명심보감

이서윤쌤의 한마디 서로 존중하고 배려하면 우정이 더 깊어질 수 있어요! 친한 사이라고 예절을 지키지 않거나 친절하게 대하지 않으면 사이가 멀어질 수 있습니다.

August

지금 하고 있는 것에 최선을 다해라. 만약 그렇게 할 수 없다면, 잠시 쉬어라.
_ 에밀리 기핀

이서윤쌤의 한마디 어떤 일이든 열심히 하는 것이 좋습니다. 하지만 너무 열심히 해서 몸도 마음도 지쳤다면 맛있는 음식을 먹으며 쉬어 보세요.

May

5월

사랑

노동 뒤에 휴식이야말로 가장 편안하고 순수한 기쁨이다.
_ 임마누엘 칸트

이서윤쌤의 한마디 힘을 많이 쓰는 일을 한 다음에는 체조와 같은 간단한 운동이 오히려 휴식에 도움이 됩니다. 가볍게 몸을 풀면 마음까지 산뜻해질 거예요.

May

**사랑받고 싶다면 사랑하라.
그리고 사랑스럽게 행동해라.**
_ 벤저민 프랭클린

이서윤쌤의 한마디 친구와 친해지고 싶다면 먼저 다가가 보세요. 친구가 힘들어할 때 먼저 도와주거나 따뜻한 말을 건네면 자연스럽게 좋은 친구가 될 수 있어요.

휴식은 지상에서 가장 소중한 것이다.
_ 게오르크 빌헬름 프리드리히 헤겔

이서윤쌤의 한마디 우리는 바쁜 일상 속에서 종종 쉬는 것을 잊곤 해요. 알람을 설정해서 일정 시간마다 쉬는 것을 잊지 마세요. 그래야 공부도 일도 오래 할 수 있답니다.

사랑은 모험이다.
_ 앙드레 지드

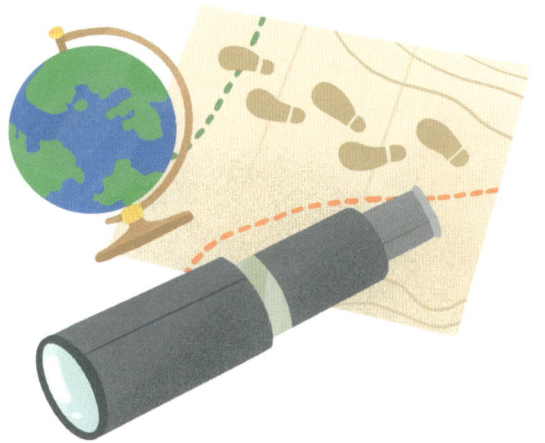

이서윤쌤의 한마디 우리는 사랑하는 사람들과 시간을 보내요. 새로운 친구를 사귀거나 가족과 여행을 가거나 서로를 이해하려고 노력하면서요. 누군가를 제대로 이해하는 것은 모험을 떠날 때처럼 두근거리고 신나는 일이랍니다.

August

휴식은 일의 절반이다.
_ 레오나르도 다 빈치

이서윤쌤의 한마디 쉬는 시간이 충분해야만 더 잘 집중할 수 있고, 창의력을 발휘할 수 있어요. 그러니 자신에게도 충분한 휴식 시간을 주는 것이 중요해요.

3 May

사랑이란 서로를 마주 보는 것이 아니라 함께 같은 방향을 바라보는 것이다.
_ 생텍쥐페리

이서윤쌤의 한마디 진정한 사랑은 함께 걸어가는 길에서 서로를 응원하는 거예요. 때로 다투고, 때로 못마땅하더라도 서로 도우며 같은 방향을 바라보는 것이죠.

August

마음이 이완되면 종종 영감이 뒤따른다.
_ 필 잭슨

이서윤쌤의 한마디 마음이 편안해지면 좋은 생각, 멋진 아이디어가 자연스럽게 떠오를 수 있어요. 어려운 문제나 급히 해결해야 할 일이 생겼을 때 긴장을 풀고 여유를 가지는 것이 좋습니다.

May

사랑의 첫 번째 의무는 상대방에 귀 기울이는 것이다.
_ 폴 틸리히

이서윤쌤의 한마디 엄마, 아빠가 내 이야기를 잘 들어 줄 때 기분이 좋습니다. 친구 사이도 마찬가지입니다. 경청(귀를 기울여 듣는 것)은 사랑을 더 깊어지게 한답니다.

26

August

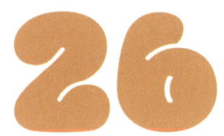

휴식은 행복한 삶에 꼭 필요한 조건이다.

_ 아리스토텔레스

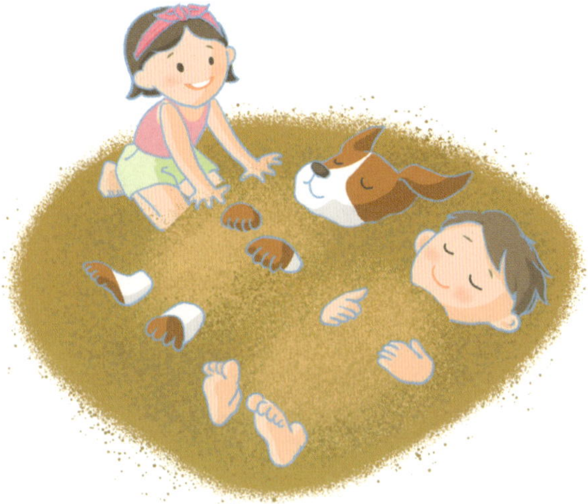

이서윤쌤의 한마디 힘들고 지칠 때 친구와 함께 신나게 놀아 보세요. 옷은 더러워질지 몰라도 마음은 상쾌해질 테니까요.

사랑은 변하지 않지만, 그 깊이는 변한다.
_ 오스카 와일드

May

가족이랑♡

친구랑♡

이서윤쌤의 한마디 가족과 함께하는 시간이 많아질수록, 친구와 오래오래 친하게 지낼수록 우리는 서로의 소중함을 더 많이 느끼게 돼요. 함께한 추억이 많을수록 우리는 서로를 더 사랑하게 된답니다.

25 August

휴식 없는 인간은 마치 방전된 전지와 같다.
_ 아서 하츨러

이서윤쌤의 한마디 스마트폰도 매일 배터리를 충전하듯이, 우리도 충전이 필요해요. 쉼을 통해 충분히 충전하면 더 나은 일상을 보낼 수 있습니다.

사랑은 마음의 눈으로 보는 것이다.
_ 윌리엄 셰익스피어

이서윤쌤의 한마디 사랑은 겉모습이 아닌 친구의 마음을 알아보는 거예요. 친구가 슬퍼 보일 때 곁에서 위로하고 미소를 건네세요.

24
August

청춘은 여행이다. 찢어진 주머니에 두 손을 내리꽂은 채 그저 길을 떠나도 좋은 것이다.
_ 체 게바라

이서윤쌤의 한마디 젊음은 모험을 떠나고 새로운 경험을 쌓는 시기입니다. 여행을 떠날 돈이 없다면 골목 여행, 가까운 동네 여행도 괜찮아요. 튼튼한 두 다리로 두려움 없이 길을 나서 보세요. 새로운 세계가 여러분을 기다리고 있을 거예요.

사랑은 나누는 것이 아니라, 서로를 채워 주는 것이다.

_ 칼릴 지브란

May

이서윤쌤의 한마디 사랑은 혼자 소유하는 것이 아니에요. 서로 부족한 것을 채우면서 완성해 가는 것이랍니다. 맛있는 과자를 친구와 나눠 먹으며 행복한 하루를 보내 보세요.

August

여행은 정신을 다시 젊어지게 하는 샘이다.
_ 한스 크리스티안 안데르센

이서윤쌤의 한마디 여행은 새로운 장소에서의 경험과 만남을 통해 우리의 마음에 신선한 에너지를 불어넣어 줍니다. 반복되는 일상에서 벗어나 새로운 환경을 경험하면, 세상을 보는 눈도 달라집니다.

May

**사랑을 받는 것은 행복이 아니다.
사랑을 주는 것이야말로 행복이다.**
_ 헤르만 헤세

이서윤쌤의 한마디 부모님께 선물을 받으면 기쁘지요? 이번엔 부모님께 선물을 드려 보세요.
내가 준비한 선물을 받고 기뻐하는 부모님을 보면 행복해질 테니까요.

22
August

인생은 짧고, 세상은 넓다.
_ 사이먼 레이븐

이서윤쌤의 한마디 인생은 짧고, 탐험할 곳은 무궁무진해요. 지금 당장 넓은 세상으로 여행을 떠나 보세요. 그 안에서 우리는 많은 것을 배울 수 있어요.

진정한 사랑은 아낌없이, 조건 없이 주는 사랑이다.
_ 마더 테레사

이서윤쌤의 한마디 진정한 사랑은 친구에게 바라는 것 없이 도와주는 거예요. 보답을 기대하고 도와주면, 보답이 없거나 기대에 못 미칠 때 사랑이 식을 수 있어요.

행복하게 여행하려면, 가볍게 여행해야 한다.
_ 생텍쥐페리

이서윤쌤의 한마디 여행은 무거운 짐을 덜어 내고 가벼운 마음으로 즐기는 것이 가장 중요해요. 가벼운 발걸음으로 떠나 자유롭게 돌아다니면, 새로운 경험과 행복한 순간을 많이 만날 수 있답니다.

May

사랑을 하고 있는 동안은 누구나 다 시인이다.
_ 플라톤

이서윤쌤의 한마디 사랑하는 가족, 친구에게 편지를 써 보세요. 나도 모르게 예쁜 문장과 특별한 표현이 떠오를 거예요. 사랑은 우리의 마음을 시인의 마음처럼 풍성하게 만듭니다.

20
August

소중한 것을 깨닫는 장소는 컴퓨터 앞이 아니라 파란 하늘 아래였다.

_ 다카하시 아유무

어서문밖으로 뛰어나가다 소중한 것들을 깨닫는 순간은 종종 일상에서 벗어날 때 찾아옵니다. 지금 컴퓨터 앞에 있다면 잠깐 창문을 열고 하늘을 바라보세요.

11
May

사랑은 봄에 피는 꽃과 같다.
_ 귀스타브 플로베르

이서윤쌤의 한마디 사랑은 봄꽃과 같아요. 봄처럼 따뜻하고 행복한 순간에 피어나거든요. 또 우리가 사랑을 나누면 세상은 봄처럼 환해지고 꽃처럼 아름다워져요.

미소는 지친 사람에게 휴식이고, 낙심한 사람에게 햇빛이고, 슬픈 사람에게 양지이며, 문제 해결에 있어서 최상의 방법이다.
_ 겐 블룸

이서윤쌤의 한마디 미소 짓는 얼굴은 아름답습니다. 사람들에게 따뜻한 미소를 나누어 주세요. 나와 내 주변에 행복이 번질 테니까요.

사랑은 평화와 행복을 가져다준다.
_ 레프 니콜라예비치 톨스토이

이서윤쌤의 한마디 가족이나 친구와 다퉜어도 화해하면 마음이 편안해져요. 우리는 서로 이해하고 함께 웃을 때 진정한 행복을 느낄 수 있어요. 마음껏 사랑하며 평화와 행복을 느끼는 하루가 되길 바랍니다.

기준을 낮추고 그대로 쉬어라.
_ 페마 초드론

이서윤쌤의 한마디 우리는 때때로 너무 잘하려고 애를 써요. 완벽하게 잘하는 것도 좋지만 마음을 편안하게 먹으며 스스로를 돌보는 것도 중요해요.

May 13

사랑은 끝없는 신비이다. 사랑은 설명할 수 있는 것이 전혀 없기 때문이다.

_ 라빈드라나트 타고르

이서윤쌤의 한마디 사랑은 정말 신비로워요. 친구와 함께 놀 때 우리가 느끼는 행복이나 엄마가 따뜻하게 안아 줄 때의 기분은 말로 다 설명할 수 없어요. 그래서 사랑은 꼭 마법 같아요.

August

심호흡을 하고 긴장을 풀고 원하는 대로 자신을 상상해 보라.
_ 브라이언 트레이시

이서윤쌤의 한마디 누구나 마음이 복잡해질 때가 있어요. 그럴 때는 마음껏 상상의 날개를 펼쳐 보세요. 내가 원하는 모습, 우주여행, 강아지로의 변신 등 무엇이든 좋아요. 상상은 마음에 휴식을 주니까요.

May

**사랑에 있어서 연령은 없다.
사랑은 어느 때든지 생길 수 있는 것이다.**
_ 블레즈 파스칼

이서윤쌤의 한마디 할머니와 손자가 서로 사랑하는 것처럼, 사랑은 나이와 아무 상관없어요. 학년이 나보다 낮은 동생도 사랑스럽다면 사랑을 듬뿍 선물하세요.

16

August

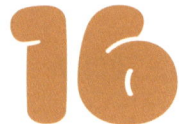

가끔 큰 행복은 아무 일도 하지 않는 데 있다.

_ 레오나르도 다 빈치

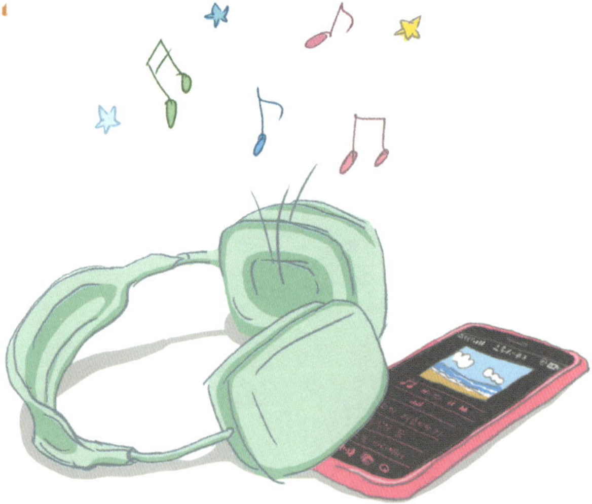

이서윤쌤의 한마디 어떤 사람은 아무것도 하지 않을 때 불안을 느껴요. 삶이 멈춘다고 느끼기 때문이에요. 하지만 걱정할 것 없어요. 쉼도 삶의 일부거든요. 쉬고 나면 더 부지런하게 지낼 수 있어요.

사랑은 가장 위대한 선물이다.
_ 파블로 피카소

이서윤쌤의 한마디 선물은 우리를 기쁘게 해요. 사랑도 우리를 기쁘게 만들죠. 사랑만큼 값진 선물이 또 있을까요? 가족이나 친구에게 지금 사랑한다고 말해 보세요.

August

내 활력의 근원은 낮잠이다. 낮잠을 자지 않는 사람은 뭔가 부자연스러운 삶을 살고 있는 것이리라.
_ 윈스턴 처칠

이서윤쌤의 한마디 잠깐 십 분 정도라도 낮잠을 자면 피로가 풀리고 기분이 새로워질 거예요. 낮잠은 우리 몸에 활력을 불어넣습니다. 낮잠을 통해 더 건강하고 행복한 하루를 만들어 보세요.

재물도 지위도 사랑에 비하면 쓰레기에 지나지 않는다.

_ 글래드스턴

이서윤쌤의 한마디 돈이 있으면 불행하지는 않을 거예요. 높은 지위를 가지면 기분은 좋을 거예요. 하지만 사랑이 없다면 행복하지는 않을 거예요. 사랑하는 사람과 함께하는 것만큼 소중한 건 없답니다.

여행은 다른 문화, 다른 사람을 만나고 결국에는 자기 자신을 만나는 것이다.
_ 한비야

August

이서윤쌤의 한마디 여행은 새로운 사람과 문화를 만나며 나 자신을 더 잘 알게 되는 시간이랍니다. 새로운 경험은 나를 한층 성장하게 하죠. 여행을 통해 진짜 '나'를 발견하는 소중한 기회를 가져 보세요.

May

사랑은 죽음보다, 죽음의 공포보다 강하다.
_ 이반 투르게네프

이서윤쌤의 한마디 사랑은 어떤 두려움보다 강해요. 부모님이 우리를 위해 큰 어려움을 극복하거나 위험을 감수할 때, 사랑의 힘이 두려움을 이길 수 있음을 보여 줍니다. 내가 사랑하는 사람에게 큰 사랑을 표현하는 하루 되세요!

13
August

휴식은 게으름이 아니라, 일의 일부이다.
_ 존 러스킨

이서윤쌤의 한마디 쉬는 시간은 빈둥빈둥 버리는 시간이 아니라, 일을 더 잘하기 위해 숨을 고르는 시간이에요. 공부하다 힘들면 잠깐 쉬었다가 하세요. 공부의 능률이 오를 거예요.

18 May

사랑은 어떠한 것도 겁내지 않는다.
_ 하인리히 하이네

이서윤쌤의 한마디 가족이 어려운 상황에 놓여 있을 때 우리는 두려워하지 않고 도와주려고 합니다. 사랑의 힘으로 우리는 어떤 어려움도 극복할 수 있어요.

August

휴식은 게으름도, 멈춤도 아니다. 휴식을 모르는 사람은 브레이크가 없는 자동차 같아서 위험하기 짝이 없다.

_ 헨리 포드

이서윤쌤의 한마디 휴식은 우리가 더 잘 달리기 위해 꼭 필요한 시간입니다. 계속 달리기만 하면, 브레이크가 고장 난 자동차처럼 위험해져요. 잠깐 쉬면서 지나온 시간을 돌아보세요. 재충전도 하고요.

자기 자신을 사랑하는 것처럼 다른 사람을 사랑하라.

_ 공자

이서윤쌤의 한마디 스스로를 사랑한다면, 그 사랑을 남에게도 베풀어 주세요. 자신의 실수를 용서하는 것처럼, 친구의 실수도 용서하고 이해해 주세요.

August

**여행을 떠날 각오가 되어 있는 사람만이
자기를 묶고 있는 속박에서 벗어날 수 있다.**
_ 헤르만 헤세

이서윤쌤의 한마디 여행은 단순히 어딘가로 떠나는 것이 아니라, 우리를 가로막는 걱정과 두려움에서 벗어나는 방법이에요. 자유롭게 여행하며 새로운 경험을 만끽해 보세요.

May

포옹은 사랑의 가장 단순하면서도 가장 강력한 표현이다.
_ 다이앤 키튼

이서윤쌤의 한마디 포옹은 사랑을 전하는 가장 따뜻한 방법이에요. 내가 사랑하는 사람을 꼭 안아 주며 그 마음을 전해 보세요. 둘 사이에 행복이 꽃필 거예요.

인생은 일과 쉼의 균형으로 완성된다.
_ 아인슈타인

August

이서윤쌤의 한마디 일만 열심히 하는 것도, 쉬기만 하는 것도 인생을 행복하게 만들지 못해요. 일과 쉼이 잘 어우러져야 더 즐겁고 건강한 삶을 살 수 있답니다.

May

참된 사랑의 힘은 태산보다도 강하다.
_ 윌리엄 셰익스피어

이서윤쌤의 한마디 진심으로 아끼면 어려운 순간도 함께 이겨 낼 수 있습니다. 사랑은 놀라운 힘을 지니고 있어, 우리가 사랑하는 사람을 위해서는 어떤 도전도 두렵지 않고 무엇이든 이뤄 낼 수 있어요.

August

**쉰다는 것은 게으름을 의미하는 것이 아니다.
때로는 여름날 나무 밑 잔디에 누워서,
물의 속삭임을 듣거나, 하늘에 흘러가는
구름을 보는 것이 시간을 낭비하는 것이
아니라는 얘기다.**

_ 존 러벅

이서윤쌤의 한마디 쉬는 시간도 꼭 필요해요! 바닷가로 놀러 가거나 숲속 길을 산책해 보세요. 자연 속에 있다는 느낌이 새 힘을 줄 거예요.

사랑은 시간이 지날수록 더욱 강해진다.
_ 샤를 보들레르

이서윤쌤의 한마디 사랑은 시간이 지날수록 더 깊고 강해져요. 함께하는 시간이 길수록 그 사람에 대해 더 많이 되고, 정이 두터워지니까요.

약상자에는 없는 치료제가 여행이다.
_ 대니얼 트레이크

이서윤쌤의 한마디 여행은 마음을 치료해 주는 아주 특별한 약이에요! 낯선 곳에서 다양한 경험을 하면 기분도 좋아지고, 생각도 넓어지죠. 때로는 책상 앞을 벗어나 여행을 떠나 보세요!

사랑의 기쁨은 순간이요, 사랑의 상처는 죽을 때까지 계속된다.

_ 헤르만 헤세

이서윤쌤의 한마디 친구와 재미있게 놀면서 느낀 기쁨은 순식간에 지나가요. 반대로 다투고 생긴 상처는 오래가기도 합니다. 그렇다 하더라도 그 상처 또한 사랑의 일부랍니다. 사랑하니까 마음이 다치는 거예요.

1

August

자연의 리듬을 따르라. 자연은 서두르지 않지만 모든 것이 제때에 이루어진다.

_ 노자

이서윤쌤의 한마디 자연은 서두르는 법이 없어요. 해와 달은 자신의 궤도를 지키며 정확한 때에 뜨고 집니다. 너무 서두르지 말고 자연의 리듬에 맞춰 차분하게 행동하면 좋은 결과를 마주할 수 있을 거예요.

May

인생에서 가장 행복한 때는 누군가에게서 사랑받는다고 확신할 때이다.

_ 빅토르 위고

이서윤쌤의 한마디 가족이나 친구가 나를 응원해 줄 때, 다정하게 대해 줄 때 나를 진심으로 사랑한다는 것을 느껴요. 우리는 사랑받고 있다고 느낄 때 아주 큰 행복을 느껴요.

August

한가로운 시간은 그 무엇과도 바꿀 수 없는 재산이다.
_ 소크라테스

이서윤쌤의 한마디 한가롭게 보내는 시간은 정말 소중해요. 그 시간 동안 우리는 쉬고, 생각하고, 새로운 에너지를 얻을 수 있답니다.

May

**나이가 들어도 사랑을 막을 수는 없다.
하지만 사랑은 노화를 어느 정도
막을 수는 있다.**
_ 잔느 모로

이서윤쌤의 한마디 사랑하는 마음은 우리를 행복하고 활기차게 만들어 줍니다. 사랑하는 사람과 함께 행복한 시간을 보내면 마음이 더 젊어지고, 더 행복해질 수 있답니다.

August

피곤하면, 그만두는 게 아니라 쉬는 법을 배워야 한다.
_ 뱅크시

이서윤쌤의 한마디 피곤하면 다 그만두고 싶어요. 피곤할 때는 잠시 쉬면서 한숨 돌리세요. 다 그만두고 싶었던 마음이 다시 시작하고 싶은 마음으로 바뀔 수 있어요.

**사랑은 내가 선택할 수 있는 게 아니다.
그저 내게 다가오는 것이다.**

_ 캐서린 헵번

May

이서윤쌤의 한마디 우리는 부모를, 부모는 우리를 선택할 수 없어요. 가족과 나의 만남은 아주 특별한 일입니다. 특별한 만남으로 맺어진 가족끼리 사랑하는 것은 봄꽃이 피듯 자연스러운 일이에요.

August

삶에는 속도를 높이는 것보다 더 중요한 것들이 아주 많이 있다.
_ 마하트마 간디

이서윤쌤의 한마디 혹시 경주마처럼 매일 바쁘게 지내나요? 조금 천천히 가도 괜찮으니까, 잠시 멈추고 주변을 돌아보세요. 미처 보지 못했던 소중한 것들이 보일 거예요.

이별의 아픔 속에서만 사랑의 깊이를 알게 된다.

_ 조지 엘리엇

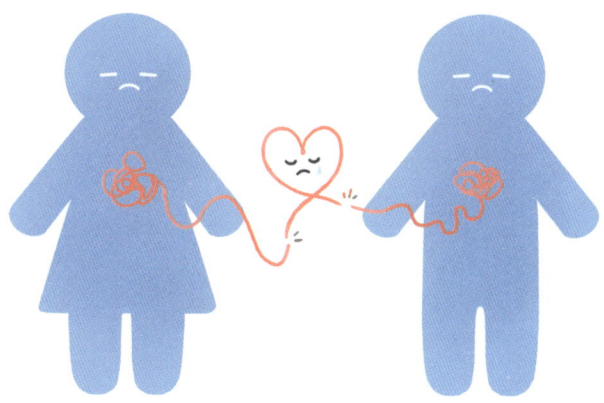

이서윤쌤의 한마디 사랑하는 사람과 붙어 있을 때는 그게 너무 당연해서 소중한지 모릅니다. 그러다 이별하면 마음이 아프고 슬퍼요. 마음이 더 많이 아플수록 그 사람을 더 사랑한다는 의미예요.

August

때때로 우리에게는 정신을 위한 휴식이 필요하다.
_ 캐서린 펄시퍼

이서윤쌤의 한마디 가끔은 머리도 쉬어야 해요. 너무 열심히만 하면 지칠 수 있거든요. 잠시 쉬면서 책을 읽거나 좋아하는 음악을 들으면, 더 잘할 수 있는 힘이 생겨요!

28 May

아무리 큰 공간일지라도 설사 그것이 하늘과 땅 사이라 할지라도 사랑의 힘으로 메울 수 있다.

_ 요한 볼프강 폰 괴테

이서윤쌤의 한마디 사랑하는 사람과는 아무리 멀리 있어도 마음으로 연결될 수 있어요. 따로 떨어져 사는 가족, 하늘나라로 떠난 가족 모두 사랑으로 이어져 있답니다. 사랑은 공간이나 거리를 뛰어넘어요.

August

휴식을 취하고, 그를 통해 감사하라.
_ 윌리엄 워즈워스

이서윤쌤의 한마디 휴식을 취하면 몸도 마음도 다시 힘을 얻어요. 잠시 멈추고 주변을 돌아보면, 우리를 둘러싼 많은 것에 감사한 마음이 생길 거예요. 작은 것도 소중히 여기는 하루를 보내 보세요.

**누군가를 사랑한다는 것은 자신을
그와 동일시하는 것이다.**
_ 아리스토텔레스

이서윤쌤의 한마디 누군가를 사랑하는 것은 그 사람의 기쁨과 슬픔을 '내 것'처럼 느끼는 거예요. 내가 힘들 때 엄마도 함께 슬퍼하고, 내가 행복할 때 엄마도 함께 기뻐하는 것처럼요.

1
August

적당히 일하고 좀 더 느긋하게 쉬어라.
현명한 사람은 느긋하게 인생을 보냄으로써
진정한 행복을 누리는 것이다.

_ 발타자르 그라시안

이서윤쌤의 한마디 공부를 열심히 하는 것도 중요하지만, 여유를 가지는 것도 중요해요. 느긋하게 시간을 보내며 삶을 즐기는 사람은 진정한 행복을 찾을 수 있습니다.

May 30

정말로 사랑하고 싶다면 용서하는 법부터 배워야 한다.

_ 마더 테레사

이서윤쌤의 한마디 가족이나 친구와 갈등이 생겼을 때, 서로 이해하고 용서하는 것이 중요해요. 사랑하는 사람을 먼저 용서할 수 있는 용기를 가지면 좋겠어요.

August

휴식

이 세상에서 사랑만큼 달콤한 것은 없다.
_ 헨리 워즈워스 롱펠로

이서윤쌤의 한마디 사랑은 세상에서 가장 달콤한 감정이에요. 가족과 함께 행복한 시간을 보낼 때 과자보다 더한 달콤함을 느낄 수 있을 거예요.

31
July

삶이 있는 한 희망은 있다.
_ 키케로

이서윤쌤의 한마디 살다 보면 때때로 미로에 빠지기도 해요. 하지만 주저앉아서는 안 돼요. 희망이 있는 곳에 반드시 길이 있습니다.

June

친절

30
July

희망은 천사들의 날개로 날아간다.
_ 빅토르 위고

이서윤쌤의 한마디 희망은 마치 하늘을 나는 것처럼 우리 마음을 가볍게 만들어요. "괜찮아, 다시 할 수 있어!"라고 생각하면 마음이 한결 나아지거든요!

June

친절은 작은 일에서 시작된다. 작은 친절이 모여 큰 변화를 만든다.
_ 달라이 라마

이서윤쌤의 한마디 친절은 어려운 게 아니에요. 친구에게 먼저 다가가는 것, 친구의 말에 귀를 기울이는 것, 무거운 짐을 든 친구를 돕는 것. 모두 친절한 행동이에요. 오늘 하루 만나는 사람에게 친절한 말과 행동을 해 보세요.

July

꿈을 밀고 가는 힘은 이성이 아니라 희망이며, 두뇌가 아니라 심장입니다.

_ 표도르 도스토옙스키

이서윤쌤의 한마디 우리가 꿈을 이루는 데 필요한 것은, 똑똑한 머리보다 마음속의 희망과 열정입니다. 열심히 하려는 마음과 꿈을 향한 열정이 있다면 끝까지 해낼 수 있습니다.

June

**친절은 언어이다. 청각 장애인도
들을 수 있고, 시각 장애인도 볼 수 있다.**
_ 마크 트웨인

이서윤쌤의 한마디 친절은 특별한 언어가 필요 없어요. 우리가 상대를 대하는 눈빛, 손짓, 행동에서 다 전해진답니다.

July

**비록 태양이 사라져도,
나는 한 줄기 빛을 얻으리라.**
_ 커트 코베인

이서윤쌤의 한마디 가끔 힘든 순간이 찾아올 때가 있어요. 그럴 때에도 작은 희망의 빛을 찾으려고 노력하면 극복할 수 있어요. 어려운 상황에서도 긍정적인 마음을 가져 보세요.

June 3

똑똑하기보다는 친절한 편이 더 낫다.
_ 탈무드

이서윤쌤의 한마디 똑똑하면 사람들에게 인정을 받을 수는 있을 거예요. 하지만 친절하지 않으면 사람들의 마음을 얻기는 어렵습니다. 마음이 차가운 사람 곁에 머물고 싶어 하는 사람은 드물거든요.

27
July

삶에 대한 절망 없이는 삶에 대한 희망도 없다.

_ 알베르 카뮈

이서윤쌤의 한마디 절망적인 순간을 경험할 때, 그 뒤에 오는 희망의 소중함을 더 잘 알 수 있어요. 절망이 찾아올 때 부디 희망을 떠올리며 일어나세요.

June

**좋은 말은 마음에 좋은 느낌을 가져온다.
항상 친절하게 말하라.**
_ 로드 윌리엄스

이서윤쌤의 한마디 따뜻한 말 한마디가 누군가의 하루를 밝게 만들 수 있어요. 오늘 하루 주변 사람들에게 긍정적이면서도 따뜻한 말을 건네 보세요.

역경은 희망으로 극복된다.
_ 메난드로스

이서윤쌤의 한마디 역경이라는 거대한 산도 희망이라는 줄이 있다면, 오를 수 있을 것입니다. 희망은 마법 도구처럼 산을 넘는 데 필요한 힘을 우리에게 선물합니다.

June

친절은 자기 자신을 위한 최고의 선물이다.
_ 랄프 왈도 에머슨

이서윤쌤의 한마디 친절은 마치 선물처럼, 상대방을 위한 행동 같지만 결국 우리 자신에게도 커다란 기쁨과 만족감을 줘요. 이렇게 친절은 우리 모두를 행복하게 한답니다.

July

**우리는 유일한 낙담을 받아들여야만 한다.
하지만 무한한 희망은 결코 잃어서는 안 된다.**

_ 마틴 루터 킹

이서윤쌤의 한마디 어려운 상황, 질 것 같은 상황에서도 희망을 품고 끝까지 최선을 다하세요. 혹시 실패하더라도 여러분은 성공의 싹을 틔운 것입니다.

June

**모든 언행을 칭찬하는 자보다 결점을
친절하게 말해 주는 친구를 가까이하라.**
_ 소크라테스

이서윤쌤의 한마디 진정한 친구는 우리의 단점을 지적해 주는 사람이에요. 단점을 지적하면 기분이 나쁠 수 있지만 내가 성장할 수 있는 기회로 삼으세요. 진심으로 조언해 줄 친구는 많지 않답니다.

**당신이 희망을 선택한다면,
당신은 그 무엇도 할 수 있게 될 것이다.**

_ 크리스토퍼 리브

이서윤쌤의 한마디 절망을 선택한다면 도전할 일이 없어 오히려 마음이 편할지도 몰라요. 반대로 희망을 선택한다면 비록 어려움과 싸워야 하지만 만족과 보람을 느낄 수 있어요. 선택은 어디까지나 본인의 몫입니다.

June

보상을 기대하지 말고 누구에게나
친절한 행동을 하라. 왜냐하면 언젠가
누군가가 당신을 위해 같은 행동을 할 수도
있을 것이기 때문이다.
_ 다이애나 스펜서

이서윤쌤의 한마디 친절은 보답을 바라고 하면 안 돼요. 하지만 내가 오늘 한 친절한 행동이 언젠가 다시 나에게 돌아오지요. 왜냐하면 우리는 서로 영향을 주고받으면서 살아가니까요.

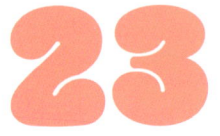

희망이 없으면 실패도 없다. 희망이 있어야만 성공이 있다.
_ 사미 세미

이서윤쌤의 한마디 희망이 없으면 도전할 마음을 먹지 않아요. 도전을 안 하면 실패할 일이 없죠. 하지만 실패할 기회가 없다면 성공할 기회도 없어요. 앞이 캄캄해도 희망을 갖고 도전하면 성공도 다가옵니다.

June

친절은 햇빛이며 그 속에서 미덕이 자란다.
_ 로버트 G. 잉거솔

이서윤쌤의 한마디 친절은 우리 마음을 따뜻하게 해 주는 햇빛과 같아요. 여러분도 매일 작은 친절을 나누며 세상을 밝히는 햇빛이 되어 보세요!

July

희망은 영원한 기쁨이다. 인간이 소유하고 있는 토지와 같은 것이다.
_ 로버트 루이스 스티븐슨

이서윤쌤의 한마디 땅에서는 우리를 숨 쉬게 하는 나무가 자라고, 아름다운 꽃이 피어납니다. 곡식도 익고요. 희망은 우리의 마음속 땅과 같습니다. 우리 삶을 지탱하고 성장시키죠.

모든 사람에게 예절 바르고, 많은 사람에게 친절한 사람은 아무에게도 적이 되지 않는다.

_ 벤저민 프랭클린

June

이서윤쌤의 한마디 예절 바르고 친절한 사람을 미워하는 사람이 있을까요? 친구를 사귀고 싶다면 예절과 친절이 우선입니다. 함부로 행동하고 차갑게 대하는 사람과 친구하고 싶은 사람은 없을 거예요.

**나는 최악의 상황에 대비하는 동시에,
최선의 상황에 대한 희망을 가지고 산다.**
_ 벤저민 디즈레일리

이서윤쌤의 한마디 최악의 상황을 모두 대비할 수는 없어요. 만약 우리가 최악의 상황에 놓이더라도, 희망이 있다면 다시 시작할 수 있어요.

June

친절은 이 세상을 아름답게 만들며 모든 비난을 해결한다. 그리고 얽힌 것을 풀어헤치고, 어려운 일을 수월하게 만들고, 암담한 것을 즐거움으로 바꾼다.
_ 레프 니콜라예비치 톨스토이

이서윤쌤의 한마디 친절은 작은 행동이지만, 그 힘은 정말 놀라워요. 아침 인사 잘하기, 친구 칭찬하기, 동생과 놀아주기도 친절한 행동이에요. 이런 친절은 우리가 함께 살아가는 데 꼭 필요하답니다.

20
July

희망은 강한 용기이자 새로운 의지이다.
_ 마틴 루터 킹

이서윤쌤의 한마디 희망은 우리에게 용기와 의지를 심어 줍니다. 어려움과 맞설 수 있는 용기, 헤쳐 나가려는 의지로 삶을 개척하도록 도와줘요.

June 11

**그릇이 큰 사람은 남에게 호의와 친절을
베풀어 주는 것을 자신의 기쁨으로 삼는다.**
_ 아리스토텔레스

이서윤쌤의 한마디 친절은 베풀고 나면 기분이 좋아져요. 마음도 편안해지고요. 오늘 하루 작은 친절로 큰 기쁨을 나누어 보세요!

계단을 밟아야 계단 위에 올라설 수 있다.
_ 터키 속담

July

이서윤쌤의 한마디 천 리 길도 한 걸음부터예요. 만약 작가가 되고 싶은 꿈이 있다면 하루에 십 분씩 독서를 하세요. 일기를 쓰면서 꾸준히 글쓰기 연습을 하고요. 꿈을 이루기 위해서는 작은 일부터 실천해야 합니다.

약간의 배려와 친절은 가끔 많은 돈보다 더 가치가 있다.

_ 존 러스킨

이서윤쌤의 한마디 배려와 친절은 돈으로 살 수 없을 만큼 소중한 거예요. 자전거를 잘 못 타는 동생을 돕는 것도 친절한 행동이에요. 만약 맨날 티격태격 싸우는 형제자매라면 함께 보내는 시간을 가져 보세요.

July

**희망이 없다면 매일 먹는다고 해도
천천히 굶어 죽는 것에 불과하다.**

_ 펄벅

이서윤쌤의 한마디 목표나 희망이 없다면 삶이 재미없고 지루할 수 있어요. 미래의 나를 위해 목표를 세우고 앞으로 나아가세요!

그 어떤 친절한 행동도, 아무리 작은 것이라도, 결코 낭비되지 않는다.

_ 아이소포스

이서윤쌤의 한마디 작은 친절은 큰 변화를 만들어 냅니다. 미소를 짓거나, 작은 도움의 손길을 내미는 작은 행동이 누군가의 하루를 밝게 할 수 있음을 잊지 마세요!

July

희망은 예측 불가능의 상황이 아니면 결코 그 아름다운 날개를 펴지 않는다. 미래가 불투명한 상황에서 희망은 빛을 발한다.
_ 랄프 왈도 에머슨

이서윤쌤의 한마디 어두운 터널 속처럼 힘든 상황일 때 희망을 품으면 그 상황을 벗어나려는 의지가 생겨요. 터널 밖은 빛이 있다는 것을 믿고, 어려울수록 희망을 잃지 마세요.

이 세상에서 가장 위대한 종교는 '친절'이다.
_ 법정 스님

이서윤쌤의 한마디 작은 친절은 결코 작지 않아요. 사소한 행동 하나가 누군가의 하루를 바꿀 수 있거든요. 쓰레기를 줍거나, 친구에게 '잘했어!'라는 한마디를 건네는 것처럼, 작은 친절이 쌓여서 큰 행복을 만들어 낼 수 있습니다.

16
July

큰 희망이 큰 사람을 만든다.
_ 토마스 풀러

이서윤쌤의 한마디 큰 꿈을 가지면 그만큼 더 열심히 노력하게 됩니다. 원하는 것을 이루려는 과정에서 더 나은 사람으로 성장할 수 있어요. 큰 꿈과 희망을 가지세요!

친절하라. 당신이 만나는 모든 사람은 힘든 싸움을 하고 있다.

_ 플라톤

이서윤쌤의 한마디 우리가 만나는 모든 사람은 각자 힘든 일을 겪고 있어요. 그래서 친절한 마음을 가지는 것이 정말 중요해요. 작은 미소나 따뜻한 한마디가 누군가에게 큰 힘이 될 수 있답니다. 곤경에 처한 사람을 도와주는 하루를 보내 보세요.

15 July

내가 보아 온 인생 최고의 성공자들은 모두가 늘 명랑하고 희망에 가득 차 있는 사람이다.

_ 찰스 킹즐리

이서윤쌤의 한마디 성공한 사람들의 공통점은 바로 긍정적인 마음가짐이에요. 어려움이 닥쳐도 희망을 잃지 않고, 명랑하게 하루하루를 보내는 것이 큰 힘이 된답니다.

어리석은 사람은 친절한 사람이 될 만한 인품을 갖지 못하는 것이 보통이다.
_ 라 로슈푸코

이서윤쌤의 한마디 현명한 사람일수록 자신의 감정을 잘 다스리고, 다른 사람에게 더 많은 친절을 베풀어요. 다른 사람과 따뜻한 마음을 나눌 수 있는 사람이 되도록 노력하세요.

**두려움은 희망 없이 있을 수 없고,
희망은 두려움 없이 있을 수 없다.**
_ 스피노자

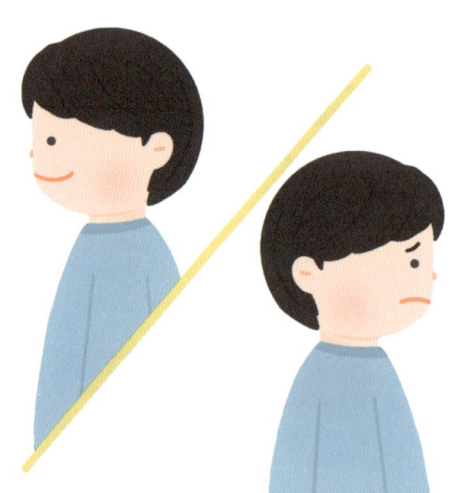

이서윤쌤의 한마디 두려움과 희망은 멀리 떨어져 있는 것 같지만 사실 아주 가까이 있어요. 희망은 두려울 때 얼굴을 드러내니까요. 새로운 도전을 앞두고 두렵더라도 희망을 가지고 한 걸음 나아가세요. 여러분은 할 수 있어요!

진정한 친절이란 몰지각한 사람의 잘못이라도 참을성 있게 받아들이는 힘이다.

_ 찰스 칼렙 콜튼

이서윤쌤의 한마디 친절은 가족과 친구에게 너그러운 마음을 가지는 거예요. 만약 친구가 실수한 일이 있다면 너그러운 마음으로 용서해 주세요. 우리는 서로의 잘못을 포용할 때 더 좋은 관계를 만들어갈 수 있어요.

내일은 내일의 태양이 뜬다.
_ 마가렛 미첼

July

이서윤쌤의 한마디 나쁜 상황도 내일이 되면 달라질 수 있으니까 너무 걱정하지 마세요. 시험을 망쳐도, 친구랑 싸워도, 내일이 오면 다시 기회가 생길 거예요. 그러니까 포기하지 말고 내일을 기대해 보세요.

**미모의 아름다움은 눈만을 즐겁게 하나
상냥한 태도는 영혼을 매료시킨다.**

_ 칼릴 지브란

June

이서윤쌤의 한마디 아름다운 외모는 잠시 동안 눈을 즐겁게 하지만, 친절한 태도는 마음을 감동시켜요. 진정한 아름다움은 내면에서 우러나오는 따뜻한 마음에서 시작된답니다. 겉모습보다 더 중요한 것은 바로 우리의 태도와 행동이에요!

12
July

희망은 어둠 속에서 시작된다. 일어나 옳은 일을 하려 할 때, 고집스러운 희망이 시작된다. 새벽은 올 것이다. 기다리고, 보고, 일하라. 포기하지 말라.

_ 앤 라모트

이서윤쌤의 한마디 희망은 어려운 상황에서 빛을 발합니다. 어두울 때 더 반짝이는 별처럼, 힘들어도 희망을 잃지 말고 노력하세요. 훗날 웃으면서 그때 상황을 이야기할 수 있을 테니까요.

19
June

자기에게 이로울 때만 남에게 어질고 친절하게 대하지 말라. 지혜로운 사람은 이해관계를 떠나서 누구에게나 친절하고 어진 마음으로 대한다.
_ 블레즈 파스칼

이서윤쌤의 한마디 나한테 좋은 것을 줄 것 같은 친구에게는 친절하게 대하고, 별 도움이 되지 않을 것 같은 친구에게는 함부로 한 적 없나요? 눈앞의 이익이나 손해를 따지지 않고 모두에게 친절한 태도는, 사람과의 관계를 깊게 할 뿐만 아니라 호감과 신뢰를 준답니다.

희망은 영혼 속에 자리 잡고 말없이 노래를 부르고 멈추지 않는 깃털을 가진 것이다.

_ 에밀리 디킨슨

July

이서윤쌤의 한마디 여러분이 힘들 때 곁에서 말없이 응원해 주는 친구가 있나요? 희망은 그런 친구와 같습니다. 오늘도 희망과 사이좋게 지내기를 바랍니다.

June

진정한 친절은 이기심에서 비롯되지 않는다.
_ 데일 카네기

이서윤쌤의 한마디 진정한 친절은 상대를 생각하는 마음에서 시작돼요. 서로 돕고 이해하는 순간, 우리 마음도 따뜻해져요.

**신이 구름 속에 무지개를 숨겨 둔 이유가 있다.
그것은 바로 우리가 가장 암울하고 두려운
순간에도 희망의 가능성을 볼 수 있게
해 주기 위한 것이다.**

_ 마야 안젤루

이서윤쌤의 한마디 구름 사이에 무지개가 숨어 있듯 희망도 평소에는 모습을 감추고 있어요.
힘든 순간 희망은 모습을 드러냅니다. 이때 마음의 눈을 반짝 뜨고 희망을 찾아야 해요.

한순간의 배려가 종종 천 번의 사과를 막게 해 준다.

_ 케빈 J. 앤더슨

이서윤쌤의 한마디 친구를 배려하면, 친구는 그 배려를 고마워할 거예요. 훗날 그 친구에게 실수하거나 잘못했을 때 친구는 용서를 베풀 거예요. 배려의 고마움을 기억하고 있을 테니까요.

9
July

희망은 꽃 없이 꿀을 만드는 유일한 벌이다.
_ 로버트 G. 잉거솔

이서윤쌤의 한마디 이따금 도저히 해결할 수 없는 문제와 맞닥뜨릴 때가 있어요. 이때 희망을 품으면 한 걸음이라도 나아갈 수 있어요. 희망은 희망을 갖는 사람에게만 존재합니다.

22
June

다른 이를 항상 배려하는 습관은 당신에게 더 큰 행복을 가져다줄 것이다.

_ 그런빌 클레이저

이서윤쌤의 한마디 다른 사람을 배려하는 마음은 나를 행복하게 만들어 주는 마법 같은 습관이에요! 작은 친절이 모여 큰 기쁨을 만들 수 있답니다. 누군가에게 도움이 될 때, 그 기쁨은 나에게도 돌아오니까요.

8
July

희망이란 무엇인가? 가냘픈 풀잎에 맺힌 아침 이슬이거나, 좁디좁은 위태로운 길목에서 빛나는 거미줄이다.
_ 윌리엄 워즈워스

이서윤쌤의 한마디 희망은 한마디 격려의 말에서도 피어나요. 콩알만 한 이슬방울에서 샘솟기도 하고요. 지쳐서 포기하고 싶을 때 조그만 희망이라도 품는다면 더 멀리 나아갈 수 있어요.

누구를 만나든 그 사람에게 친절하게 대하라.

_ 노만 빈센트 필

이서윤쌤의 한마디 우리가 주는 친절이 돌아와서 나에게도 큰 행복이 될 수 있답니다. 친절은 우리 모두를 더 가까이 연결해 주는 따뜻한 다리 같아요!

July

세상의 중요한 업적 중 대부분은 희망이 보이지 않는 상황에서도 끊임없이 도전한 사람들이 이룬 것이다.

_ 데일 카네기

이서윤쌤의 한마디 프레이저 도허티는 할머니 잼처럼 맛있는 잼을 만들고 싶었어요. 긴 연구 끝에 설탕 없이 과일만으로도 달콤하고 맛있는 잼을 만들었어요. 실패는 성공의 과정입니다. 포기하고 싶더라도 끝까지 도전해 보세요.

24

June

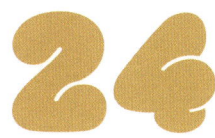

친절의 가장 큰 약점은 전염성이라는 것이다.

_ 앤디 앤드루스

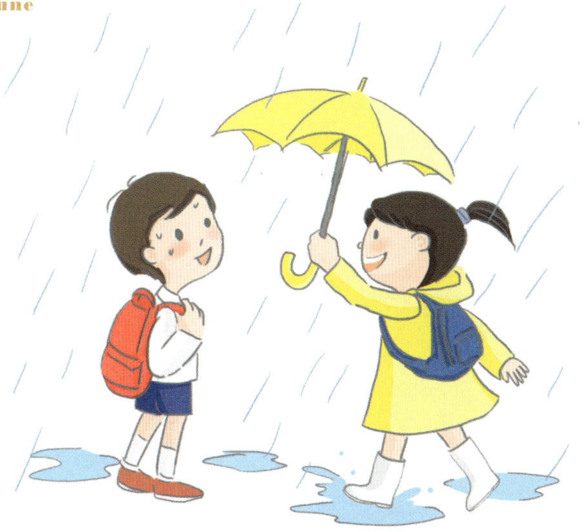

이서윤쌤의 한마디 우산 없는 친구와 함께 우산을 쓰세요. 언젠가 또 비가 오는 날, 그 친구는 우산 없는 사람을 발견한다면 망설임 없이 우산을 씌워 줄 거예요. 친절은 전염되거든요.

희망은 깨어 있는 꿈이다.
_ 아리스토텔레스

July

이서윤쌤의 한마디 희망을 품고 있다면, 내일의 나를 위해 조금씩 준비해 나갈 수 있어요. 희망은 꿈꾸던 것을 현실로 만드는 힘이 있거든요.

25 June

친절의 어루만짐이 있다면, 하루 생활은 참으로 아름다울 것이다.

_ 엘리스톤

이서윤쌤의 한마디 친절은 우리의 하루를 특별하게 만들어 주는 선물이에요. 누군가에게 친절을 베풀면, 그 사람의 기분뿐만 아니라 친절을 베푼 우리의 기분도 좋고 행복하답니다.

July

희망만 있으면 행복의 싹은 그곳에서 움튼다.
_ 요한 볼프강 폰 괴테

이서윤쌤의 한마디 비록 지금은 서툴지만, 언젠가 잘할 수 있다는 희망이 우리를 더 열심히 연습하게 합니다. 희망은 행복을 키우는 씨앗이에요.

**가능하면 언제든지 친절하게 대하라.
그것은 언제나 가능하다.**

_ 달라이 라마

이서윤쌤의 한마디 친절을 베풀 기회는 얼마든지 있어요. 조금만 관심을 갖고 주위를 둘러보면 친절이 필요한 곳이 금방 눈에 띌 거예요.

July

희망은 어떤 상황에서도 필요하다.
_ 새뮤얼 존슨

이서윤쌤의 한마디 공부든 운동이든 정말 어려워도 매일 조금씩 노력해 보세요. '나도 할 수 있어!'라는 마음으로 포기하지 않으면, 분명 성장한 내 모습과 마주하게 될 거예요.

**친절한 말은 짧고 쉽게 할 수 있지만,
그 울림은 정말 끝이 없다.**
_ 마더 테레사

June

이서윤쌤의 한마디 친절한 말 한마디는 길고 복잡한 말보다 더 큰 힘을 가질 수 있어요. 짧은 말이지만, 누군가의 마음에 큰 감동을 주고, 나아가 그 사람의 하루를 밝게 만들 수 있습니다.

July

**내 비장의 무기는 아직 손안에 있다.
그것은 희망이다.**
_ 나폴레옹 보나파르트

이서윤쌤의 한마디 시험을 앞두고 걱정한 적 있나요? 희망은 우리 안에 숨겨진 가장 강력한 무기예요. 포기하지 않고 끝까지 매달리면 멋진 결과가 찾아올 거예요.

28
June

모욕은 잊어버리고, 친절은 결코 잊지 말아라.

_ 공자

이서윤쌤의 한마디 때로 친한 친구가 상처를 주는 경우도 있어요. 이때 친구가 베풀었던 친절을 떠올리면 상처가 아무는 데 도움이 될 거예요. 친구의 마음을 헤아리고 우정을 이어가는 데도 도움이 될 거고요.

July

희망은 볼 수 없는 것을 보고, 만져질 수 없는 것을 느끼고, 불가능한 것을 이룬다.

_ 헬렌 켈러

이서윤쌤의 한마디 헬렌 켈러는 보지도 듣지도 못하는 장애인이었어요. 하지만 희망을 품은 채 불가능한 것들을 하나씩 이루어 갔습니다. 할 수 있다는 희망, 잘될 것이라는 희망이 여러분에게 선물처럼 안겨 있기를 바랍니다.

29 June

너그럽고 상냥한 태도, 그리고 사랑을 지닌 마음, 이것은 사람의 외모를 아름답게 하는 말할 수 없이 큰 힘이다.

_ 블레즈 파스칼

이서윤쌤의 한마디 아름다운 외모 못지않게 말투나 행동에서도 사람의 품격이 드러나요. 너그럽고 상냥한 마음가짐과 신뢰와 호감을 줄 수 있는 말, 친절한 행동은 우리의 외모를 더욱 아름답게 만듭니다. 식물을 돌보듯이 내 마음도 돌보세요.

1

July

희망을 품지 않는 사람은 절망도 할 수 없다.
_ 조지 버나드 쇼

이서윤쌤의 한마디 잘될 거라는 희망을 갖고 힘을 내면 작은 희망이 큰 기적을 만든답니다. 언제나 희망을 꼭 붙잡고 도전하세요!

June

상냥하고 착한 것은 멀리 간다.
_ 드라이든

이서윤쌤의 한마디 '나비 효과'란 나비의 날갯짓에서 시작된 작은 바람이 태풍을 일으킨다는 말이에요. 작은 행동이 큰 변화를 불러온다는 뜻인데, 친절에도 나비 효과가 있어요. 우리가 베푼 친절은 세상을 변화시킵니다.

July

희망